50가지 와인에 담긴 깊은 이야기를 마시다

와인 스토리

와인 스토리

지은이 신인식
펴낸이 임상진
펴낸곳 (주)넥서스

초판 1쇄 발행 2025년 4월 20일
초판 2쇄 발행 2025년 4월 25일

출판신고 1992년 4월 3일 제311-2002-2호
주소 10880 경기도 파주시 지목로 5
전화 (02)330-5500 팩스 (02)330-5555

ISBN 979-11-94643-21-0 03590

www.nexusbook.com

50가지 와인에 담긴
깊은 이야기를 마시다

와인
스토리

신인식 지음

넥서스BOOKS

들어가는 말

　와인 초보자들을 위한 『와인보다 스토리』라는 와인 책을 출간한 지 8년 만에 『와인 스토리』라는 또 다른 와인 책을 출간하게 되었다. 사실 이 책은 첫 와인 책 출간 후부터 줄곧 준비해 온 책이다. 저자가 추천하고 싶은 와인과 그 와인만이 가지고 있는 특별한 이야기들을 묶어서 독자들과 나누고 싶었기 때문이다. 그러나 출간이 늦어진 이유는 코로나 시기가 있었고 색다른 와인 책을 출간하고 싶어 수정을 거듭했기 때문이다.

　이 책은 총 50병의 스토리 있는 와인을 소개한다. 다른 와인 책처럼 와인의 정보와 품평에 초점을 두지 않는다. 각각의 와인이 가지고 있는 독특한 이야기에 초점을 두어 한 병, 한 병의 와인을 한 편, 한 편의 짧은 단편으로 구성했다. 한 단어에서 긴 글을 뽑아내고 한 줄의 모티브에서 짧은 단편을 뽑아내었다. '아미치' 와인은 우정이라는 단어에서, '샹베르탱' 와인은 나폴레옹이 즐겨 마셨다는 문구에서 한 편의 짧은 이야기를 엮어 냈다.

　그렇기에 이 책은 와인 책임에도 불구하고 어떤 면에서는 소설책에 가깝다. 상당 부분이 허구로부터 출발하며 독자들의 재미와 감동을 위해 저자의 상상력을 총동원했다. 보들레르가 샤스 스플린을 마시며 우울증이 치료되었다는 사실에서 보들레르를 소설 속으로 환생시켜 자신의 얘기를 하게끔 한다. 베라차노는 모험을 떠나기 전 포부를, 파머 장군은 미망인과의 연애담을 얘기하기도 한다. 일부는 사실을 바탕으로 하나 그보다는 허구로 지어낸 이야기가 주가 됨을 재삼 말하고 싶다.

또한 이야기의 바탕이 된 사실 역시 어디까지가 사실이고 어디까지가 허구인지는 알 수 없다. 어떤 것은 역사적으로 검증된 사실이지만, 어떤 것은 사실 여부가 불분명한 일화도 포함되어 있다. 진실은 저 멀리 있는 것처럼 진실과 허구는 야릇한 줄타기를 하듯 그 절묘한 경계선에서 균형을 유지하고 있을 뿐이다. 다만 글이라는 것은 독자로 하여금 쉽게 읽히고 재미와 감동을 주면 그것으로 족하다는 저자의 의도를 여실히 드러낸 책이라고 할 수 있다.

이 책을 쓴 취지는 크게 네 가지다. 첫 번째, 쉽고 재미있게 읽히는 책이었으면 했다. OTT와 '짤'에 중독된 요즘 사회에서 긴 글을 강요하는 것은 고문에 가깝다. 그렇다고 최근 추세를 좇아가려는 것은 아니지만, 책도 틱톡 동영상만큼 재미있을 수 있으니 핸드폰만큼이나 책을 옆에 두었으면 하는 마음에서 출발했다. 어렵고 난해하지만 깊은 울림을 주는 책은 그 책대로 존중받고 인정받아야 한다. 또한 이 책처럼 깊이는 없지만 독자들에게 가벼운 재미와 얕은 감동을 주는 책도 그 나름의 존재 이유가 있다고 본다.

두 번째, 와인에 친근감을 주고 싶었다. 와인을 제법 마시는 저자도 와인이 어렵긴 마찬가지다. 전 세계의 다양한 테루아르 terroir에서 너무나도 많은 품종으로 만들어진 새로운 와인들이 하루가 멀다 하고 쏟아져 나온다. 그 맛은 같은 와인이라도 빈티지에 따라 다르며, 심지어 같은 빈티지라도 보관상태와 오픈 후 와인을 언제 마셨는지에 따라서도 달라진다. 이렇게 어려운 와인에 대해 완전히 이론적으로 무장하고 블라인드로 와인을 맞추는 경지는 와인을 전문적으로 다루는 직업군의 몫이다. 우리같이 와인을 그저 좋은 자리에서 흥을 북돋아 주는 수단이라고 생각하는 사람들이 와인으로 인해 스트레스를 받아서는 안 된다. 그래서 그냥 가벼운 소설책처럼 읽다 보면 기본적인 와인 상식 정도는 갖출 수 있는 책을 쓰고 싶었다. 그래서 '와인 별거 아니네!'라며 쉽게 편안하게 즐기게 하고 싶었다.

세 번째, 모든 것은 아는 만큼 보인다. 킥복싱을 배우면서 이종격투기가 무엇보다 재미있어졌고, 골프 싱글을 치면서 TV에서 어프로치와 퍼팅을 주로 보여 주는 이유를 알게 되었다. 댄스 학원을 다니며 왁킹과 걸즈힙합을 배웠더니 '스트릿 우먼 파이터'가 더욱 재미있어졌고, 유튜브를 보며 요리에 관심을 가졌더니 '흑백요리사'가 몇 갑절 재미있어졌다. 와인도 알고 마시면 그 향과 맛이 배가된다. 만약 이 책에서 소개된 와인의 특별한 이야기를 알고 마신다면 와인을 즐기는 재미 역시 더 커질 것이다. 와인,

그리고 와인의 이야기를 통해서 인생의 또 다른 즐거움이 추가된다면 좋겠다.

네 번째, 독자들에게도 와인이 추억의 매개가 되었으면 하는 바람이다. 히딩크는 탈보를 마실 때마다 2002년 한일 월드컵을 떠올릴 것이며, 잉그리드 버그먼은 멈을 마실 때면 카사블랑카를, 고 노무현 대통령은 클로 뒤 발을 마실 때면 취임식의 한 장면을 떠올렸을 것이다. 저자는 레어를 마시며 입안에서 부서지는 기포를 느낄 때마다 산토리니 바다에 쏟아지듯 부서지는 달빛이 떠오른다. 그때 함께했던 소중한 사람과의 아름다운 추억이 진한 행복감과 함께 밀려온다. 와인 한 병이 추억 한 조각을 소환해 줄 수만 있다면 그것보다 더 값진 매개체는 없을 거라 단언한다.

마지막으로 이 책을 쓰는 데 도움을 주신 모든 분께 감사 인사를 드리고 싶다. 가장 먼저 행운의 여신 여왕님과 복덩어리로 무엇을 해도 잘 될 지민, 무엇을 해도 크게 될 지호에게 사랑한다고 말하고 싶다. 그리고 이 책을 통해 특별히 감사 인사를 드리고 싶은 분이 있다. 저자가 뜻하지 않은 사건으로 큰 어려움에 처했을 때 주변 모든 이들의 반대를 무릅쓰고 저자의 손을 잡아 주고 다시금 일어설 수 있게 본인의 모든 것을 내어주셨던 분이다. 저자에게 있어 다시는 없을 귀인이자 은인이신 임재택 사장님께 진심 어린 감사 인사를 드리고 싶다.

신인식

차례

Wine is bottled poetry.

"와인은 병에 담긴 시(詩)다."

로버트 루이스 스티븐슨

도머스 어리어
Domus Aurea
황금 궁전

네로 황제[*] ─────

"어머니 덕에 황제의 자리에 오른 것은 사실이지만 하나부터 열까지 사사건건 개입한다. 나를 마치 본인의 소유물처럼 다루려는 태도를 더 이상 참을 수 없다. 선을 넘었다. 황제는 나다. 어머니도 결국 나의 아버지(남편)를 죽이고 삼촌인 클라우디우스 황제와 결혼하지 않았던가? 그리고 나를 후계자로 삼은 것도 본인의 권력을 유지하기 위함이었다. 그렇게 생각할 수밖에 없다. 결단을 내려야 한다."

서기 54년 클라우디우스 황제가 죽은 후, 로마 제국의 옥좌에 앉

[*] 37.12.15~68.6.9. 로마 제국의 제5대 황제. 기독교도 탄압과 친족 살해, 심각한 사치와 난잡한 사생활 등으로 역사상 대표적인 폭군으로 꼽힌다.

네로 황제

은 네로Nero 황제는 그 당시 17세에 불과했다. 그를 황제로 만들어 준 것은 어머니 아그리피나였지만, 마치 섭정처럼 국정을 운영하려고 하는 어머니의 지나친 간섭에 불만을 느낀 네로 황제는 어머니를 살해해 버렸다. 그의 나이 22세, 황제에 오른 5년 뒤의 일이다.

"화재가 난 것이 내 탓인가? 내가 일부러 불을 질렀다는 얘기가 도는 것 같던데, 내가 아무리 그리스 예술을 좋아한다지만 내 취향에 맞추기 위해 불을 질렀겠는가? 그래도 민심을 잠재울 필요는 있다. 차라리 잘됐다. 가뜩이나 눈엣가시였던 기독교인들을 싹 쓸어버릴 기회다."

64년 대화재가 일어나 로마 시내의 1/3이 타는 대참사가 발생했다. 폭정과 주색에 빠져 갖은 악행을 저질러 온 네로 황제가 일부러

도무스 아우레아 유적

불을 지른 것이라는 소문이 돌았다. 네로 황제는 이 소문을 무마하기 위해 기독교인들이 진짜 방화범이라는 소문을 퍼트려 원형 경기장에서 기독교인들을 무자비하게 살육했다. 66년 재정 부족에도 불구하고 민중의 고혈을 짜내 황금 궁전 '도무스 아우레아Domus Aurea*'의 건축을 강행한 네로 황제는 잦은 반란 기도와 떠난 민심에도 불구하고 로마를 해방 노예에게 맡긴 채 그리스 유람에 나서기까지 했다.

"이 화려한 황금 궁전을 이제는 보지 못하는구나! 죽음은 두렵지 않으나 내 평생의 역작인 황금 궁전을 두고 가는 것이 한스럽다. 방 천장마다 진주와 상아를 박아 넣고 인공 호수와 정자, 정원, 분수까지 꾸며 놓았는데 이 모든 것이 부질없다."

68년 황금궁전으로 돌아왔으나 몇 달 뒤 스페인 속주 총독 갈바를 비롯한 여러 세력이 반란을 일으켰고 근위대마저 네로 황제에게 등을 돌리고 반란군에 합류했다. 결국 대세가 기운 것을 안 네로 황제는 단검으로 목을 찔러 스스로 생을 마감하고 말았다.

---

*   서기 64년 폭군 네로 황제는 대화재로 파괴된 로마 중심부에 자신의 호사스런 궁전을 짓고 그 이름을 황금 궁전이라는 뜻의 '도무스 아우레아'라고 불렀다.

네로 황제를 몰락시킨 결정적 계기가 된 것이 황금 궁전, 즉 '도무스 아우레아'다. 이 화려한 궁전을 짓기 위해 민중의 고혈을 짜내어 민심을 돌아서게 한 것이 원인이 되었다. 로마 제국 최고의 폭군으로 악명을 떨쳤던 네로 황제의 상징물인 도무스 아우레아에서 따온 와인 이름은 강렬하다 못해 비현실적이다.

레이블은 어떠한가? 미술가 벤야민 리라Benjamin Lira의 수채화로, 용맹하기로 유명한 칠레 마푸체Mapuche 부족 전사의 모습을 그린 것이다. 이름만큼이나 강렬한 인상을 주는 황금의 전사 그 자체다. 이 와인에 '도머스 어리어'란 이름을 붙인 것은 그 강렬함이 와인에 그대로 녹아 있기 때문이다. 칠레의 강한 햇빛과 지중해성 기후의 따뜻하고 건조한 날씨 덕에 녹진녹진한 바디감body*이 여실히 드러난다. 풍부한 과실과 다양한 향신료의 향이 복잡미를 더해주며 끝없이 이어지는 피니시finish**는 일품이다.

칠레 와인계의 전설적인 와인 메이커 이그나시오 레카바렌Ignacio Recabarren이 1996년부터 칠레 마이포 밸리Maipo Valley 외곽에 위치한 포도밭의 소유주 페냐Peña 가족과 함께 생산한 와인이 도머

---

* 와인을 마실 때 입안에서 느껴지는 점성, 질감 등의 무게감을 뜻한다. 그 정도에 따라 낮은 순서대로 라이트 바디(light body), 미디엄 바디(midium body), 풀 바디(full body)로 나눈다.

** 와인을 입에 머금은 후 삼킬 때 입안에 남아있는 향미를 뜻한다.

스 어리어다. 이후 2003년부터 이그나시오 레카바렌의 뒤를 이어 프랑스 출신 장 파스칼 라카즈Jean Pascal Lacaz가 생산을 책임지고 있다. 그는 보르도 블렌딩 기법을 접목하여 약간의 메를로와 카베르네 프랑을 블렌딩했고, 포도나무의 수령이 높아지며 와인의 맛과 향 또한 더욱 깊어지고 강렬해졌다.

2016년에는 로버트 파커Robert M. Parker, Jr.에게 97점을 획득했으며 2023년 〈와인 스펙테이터Wine Spectator〉의 TOP100 와인에서 2019년 빈티지가 58위에 오르는 기염을 토하기도 하였다.

♦ 칠레 대표 와인인 '몬테스 알파'와 '1865'에 만족했던 소비자라면 칠레의 진정한 프리미엄 와인인 도머스 어리어를 추천하고 싶다. 한 단계 더 진하고 강렬한 칠레 와인의 정수를 맛볼 수 있을 것이다.

도머스 어리어

생산지	칠레, 마이포 밸리Maipo Valley
와인 타입	드라이, 풀 바디 와인
품종	카베르네 소비뇽 100%(2007년 빈티지)
가격	10만 원대 초반(2021년 빈티지)

모엣 샹동
Moët & Chandon
우정과 보답

나폴레옹[*]————

장 레미 모엣Jean-Rémy Moët 을 보자마자 나는 단숨에 그와의 인연이 특별해질 것임을 직감했다.

나는 아홉 살 무렵 샹파뉴 지역의 왕립육군유년학교에 입학했다. 어릴 때부터 군인이 되는 것이 꿈이었기에 이곳까지 유학을 온 것이다. 하지만 코르시카 출신 특유의 사투리는 친구들의 놀림감이 되었고 북부의 추위까지 나를 위축시켰다. 그렇게 나는 누구와도 어울리지 못하고 내 안에 갇혀 지냈다. 내가 '과묵하고 변덕스러울 뿐만 아

---

[*] 1769.08.15.~1821.5.5. 나폴레옹 보나파르트(Napoleon Bonaparte)는 프랑스의 군인이자 정치인으로 프랑스 혁명 이후 혼란을 수습하면서 1804년 황제로 즉위했다. 유럽 전역을 정복했지만 러시아 원정 실패와 워털루 전투 패배로 몰락했다.

나폴레옹

장 레미 모엣

니라 오만하며 자기중심적인 성향이 극단적으로 강한 학생'이라는 교관들의 평가를 받게 된 데는 그런 환경 탓도 있을 것이다. 내가 마음을 기댈 곳은 어린 시절 뛰놀던 고향의 포도밭과 비슷한 샹파뉴 지역의 포도밭뿐이었다.

그러던 어느 날 모교 출신이라는 사람이 교관들에게 샴페인을 팔기 위해 학교를 방문했다. 나보다 열한 살이나 많았지만 왠지 모를 친숙함이 느껴졌다. 아버지와 같은 와인 양조업자라는 배경이 크게 작용했을 것이다. 그 역시 나에게 큰 호감을 갖는 듯했다. 대화를 해보니 말도 잘 통했다. 에페르네시에 있는 그의 저택에 초대되면서 본격적으로 친해지기 시작했다. 그가 바로 장 레미 모엣이었다. 그 후로 우리 둘은 어느 친형제보다도 진하고 깊은 우정을 나눴다. 그와

만난 1782년부터 내가 워털루 전투에 패해 세인트헬레나 섬에 유폐되기 전까지 무려 30년 가까이……

장 레미 모엣

그와의 첫 만남은 지금도 잊을 수 없다. 작은 키에 불평불만으로 가득한 표정. 그러나 마치 오래전부터 알고 지낸 가족 같은 따뜻함. 그를 우리 집에 초대해 인연을 맺은 것은 어떤 도움을 받고자 함이 아니었다. 와인을 비롯해 여러 분야에서 대화도 잘 통하고 같이 있으면 편하고 좋았기 때문이다.

그러나 그와의 인연은 내 생애 가장 큰 축복이었다. 갑자기 부친이 사망해서 엉겁결에 와인 사업을 물려받았지만 포도밭은 잦은 전쟁으로 황폐해졌고 미국의 독립전쟁 때문에 영국이 해상 봉쇄령까지 내리면서 와인 판매에 큰 어려움을 겪게 되었다. 가장 어려운 시기에 그가 황제가 되면서 그의 배려로 군인들에게 샴페인을 대량으로 공급할 수 있게 되었고 다른 유통망도 어렵지 않게 확대할 수 있었다. 물론 나도 그가 쿠데타를 할 당시 부족한 군자금을 지원해 주기도 했고 병사들의 사기를 올리기 위해 무상으로 샴페인을 공급해 주기도 했다. 그러나 그는 그 몇 배의 경제적 보답을 해 주었고 내 와이너리가 유럽 전역에서 명성을 얻고 크게 확장하는 데 전폭적인 도움을 주었다.

게다가 그는 나에게 평생 잊을 수 없는 영광된 선물까지 주었다.

그는 전장에 나가기 전날에는 늘 우리 집에서 하룻밤을 묵곤 했다. 1814년 그날도 그런 날들 중의 하루일 거라 생각했다. 그러나 그는 놀랍게도 가장 명예로운 훈장인 레지옹 도뇌르Légion d'honneur[*] 1등급 훈장인 그랑 크루아를 수여했다. 그는 다음과 같이 말하며 그 영광된 훈장을 주었다. 마치 전쟁에서 패배할 거라는 것을 이미 예상했다는 듯이.

"프랑스는 아직 패배하지 않았네. 하지만 만약 내가 실패한다면 죽거나 퇴위를 당하겠지. 그러니 지금 자네에게 이것을 수여하겠네. 사업을 성공시킨 자네의 수완과 나라를 위해 자네가 와인으로 이룩한 위대한 공적을 인정하며!"

실제로 그는 그 전투에 패했고 결국 폐위되어 이탈리아 엘바섬으로 유배를 가게 되었다. 나와 내 와이너리에 은인과 같은 사람, 나의 친구이자 가족, 나의 소울메이트 나폴레옹!

나폴레옹과 깊은 인연을 맺은 술이 모엣 샹동Moët & Chandon 샴페인이다. 나폴레옹은 먹는 것에 관심이 없어 남들 식사량의 1/4밖에 되지 않았다고 알려져 있으며 술 역시 멀리했다고 전해진다. 다만 그가 유일하게 즐기던 것이 샴페인이었는데, 단순히 술을 즐긴 것이 아니라 장 레미 모엣과의 우정을 나눈 것이라는 설이 유력하다.

모엣 샹동은 1743년 프랑스 북부 에페르네Épernay 마을에서 클로드 모엣Claude Moët에 의해 창립되었다. 1792년 클로드 모엣의 사망으로 회사의 경영을 책임지게 된 손자 장 레미 모엣Jean-Rémy Moët는 1802년 에페르네의 시장이 되었다. 그 당시 와인 사업이 어려움을 겪었지만 나폴레옹과의 인연으로 사업이 부흥하기 시작했고 또한 국제적인 명성까지 얻게 되었다.

그 시작은 1804년 새롭게 지은 회사의 게스트하우스로 나폴레옹과 그 일행을 초대해 성대하게 대접을 하면서부터다. 그 후 나폴레옹은 전장을 오가며 휴식과 사색이 필요할 때 이곳을 찾아 샴페인을 즐겼다고 한다. 나폴레옹은 그 모든 호의에 보답하는 의미에서 프랑스에서 가장 명예로운 훈장인 레지옹 도뇌르를 수여하게 되었다. 이후 이 회사의 샴페인은 프랑스뿐만 아니라 유럽 전 사교계에서 폭발적인 인기를 끌게 된다.

모에 샹동 사(社)는 나폴레옹과의 이런 추억을 기리기 위해 1860년대에 출시되어 가장 판매량이 높은 샴페인인 브뤼Brut 제품의 상표에 황제라는 뜻의 '앵페리알Impérial'을 넣는다. 오늘날 국내에서도 접할 수 있는 '모에 샹동 브뤼 앵페리알Moët & Chandon Brut Impérial'이 바로 그것이다.

♦ 인생 성공은 9할이 운에 달려 있다는 말이 있다. 특히 누구를 만나느냐가 그 운의 9할을 차지한다고 본다. 장 레미 모엣이 나폴레옹과 마음을 나누는 사이가 되지 않았더라면 그의 성공이나 모엣 샹동이라는 시장 점유율 1위의 샴페인도 존재하지 않았을 것이다. 성공의 길을 알려줄지도 모르는 소중한 인연들과 함께할 때 이 와인을 추천하고 싶다.

모엣 샹동

생산지	프랑스, 샹파뉴Champagne
등급	Champagne AOC
와인 타입	브뤼 와인
품종	피노 누아 45%, 샤르도네 34%, 피노 뫼니에 21%(2015년 빈티지)
가격	6만 원대

덕혼 디코이
Duckhorn Decoy
유인책

어느 오리 사냥꾼 ————

야생 오리의 고기는 지방이 적어 질긴 편이다. 하지만 야생에서 신선한 먹이를 먹고 자랐기 때문에 건강에 좋으며, 특별한 풍미도 나쁘지 않다.

다만 야생 오리를 사냥하는 것은 쉽지 않다. 야생 오리들은 작은 소리에도 예민하게 반응하고 의심이 많아 사람이 다가오는 것을 경계하기 때문이다. 또한 야생 오리들은 무리를 지어 움직일 때 일종의 보초병 오리를 두어 경계를 세운다. 따라서 오리 떼를 보고 무작정 접근했다가는 허탕 치기 일쑤다. 그래서 사냥꾼들은 오리들이 모일 만한 장소를 물색한 뒤, 풀숲 등에 몸을 은폐한 채 오리들이 나타나기를 기다리는 수밖에 없다. 하지만 마냥 기다릴 수도 없는 노릇이니, 야생 오리들이 스스로 모이도 록 만드는 유인책이 필요하다.

그래서 나는 목각으로 만든 오 리 인형인 디코이decoy를 즐겨 사 용한다. 이 목각 오리를 여러 개 띄워 놓고 피리를 불어 오리 소리 를 내면 야생 오리들이 목각 오리 를 진짜 오리로 착각해서 아무 의

디코이

심 없이 물에 내려앉는다. 그때 총으로 오리를 쏴서 사냥하면 되는 것이다. 과거 인디언들도 갈대와 깃털로 가짜 오리를 만들어 연못에 띄우고 그물을 쳐 놓고 있다가 오리가 모여들면 잡았다는 기록이 있 다. 필시 오래전부터 내려온 오리 사냥법인 듯싶다.

내가 이 유인책을 알기 전에는 그날 운이 억세게 좋아야만 야생 오리를 사냥할 수 있었다. 하지만 이제는 디코이를 띄워 놓고 조금은 쉽게 사냥에 성공할 수 있다. 선조들의 지혜에 감사할 뿐이다.

덕혼Duckhorn은 1978년에 설립되어 미국 최고의 메를로Merlot(포도 품종 이름) 와인을 생산하는 와이너리다. 대표적 브랜드인 덕혼 나파 밸리Duckhorn Napa Valley 시리즈는 한국에서도 10만 원 전후에 판매되는 프리미엄Premium 와인이다. 덕혼 나파 밸리 시리즈(이하 '덕혼')의 한 단계 아랫급 와인이 디코이Decoy다. 디코이는 3만 원대로 덕혼 가격의 1/3 수준이다. 덕혼 와인의 레이블label에는 물 위에 떠 있는 살아 있는 오리 그림이 그려져 있다. 와이너리 창업자인 대니얼 덕혼Daniel Duckhorn*의 이름에서 힌트를 얻어 오리 그림을 레이블에 그려 넣은 것이다. 디코이 와인의 레이블에도 오리 그림이 그려져 있다. 하지만 살아 있는 오리가 아니라, 야생 오리를 사냥할 때 사용하는 목각 오리인 디코이다.

비교적 저렴한 디코이 와인을 생산해서 판매하는 이유는 분명하다. 이 와인을 마셔 본 소비자들이 "엔트리급Entry(초급) 와인이 이정도 맛이라면 그 윗급의 와인은 어떤 맛일까?"라는 궁금증을 갖도록 해서 다소 값비싼 덕혼 와인을 마시도록 유인하기 위함이다. 따라서 가격이 저렴하더라도 향이 너무 가볍거나 맛의 깊이가 적

---

* 1976년 아내와 함께 캘리포니아 나파 밸리에 덕혼 와이너리를 설립했다. "와인은 단순한 음료가 아니라 경험"이라는 철학을 가지고 와인을 만들었으며 그의 열정 덕분에 덕혼은 나파 밸리의 대표적인 프리미엄 와인 브랜드로 자리 잡았다.

어서는 안 된다. 덕혼 와이너리는 대표 브랜드인 '덕혼 나파 밸리'의 판매 촉진을 위해 '디코이'라는 유인책을 쓰고 있는 것이다. 경제학에서 말하는 디코이 효과Decoy Effect** 의 대표적 사례이지만, 디코이 판매량이 덕혼 나파 밸리 판매량에 뒤지지 않는다는 점에서 왝더독Wag The Dog*** 효과에 더 가깝다고 볼 수 있다.

♦ 디코이 와인은 와인 세계로의 입문을 유도하는 와인으로 제격이다. 부담 없는 가격으로 이 정도의 퀄리티 있는 미국산 와인을 접하기 쉽지 않으며 한 단계 윗급의 와인과 비교 시음도 가능하기 때문이다.

**   소비자에게 추가로 선택지를 제공함으로써 판매자가 원하는 옵션을 선택하게끔 하는 심리 효과.
***   꼬리가 개의 몸통을 흔든다는 뜻으로, 일종의 주객전도를 의미한다. 주식 시장의 경우, 파생 시장이 현물 시장을 좌지우지하는 현상을 일컫는다.

덕혼 디코이

생산지	미국, 캘리포니아California
와인 타입	드라이 와인
품종	다양한 품종 와인 생산
가격	3만 원대

샤토 탈보
Château Talbot
승리의 와인

존 탤벗 장군 ──────

1453년 3월 15일

이것이 나의 마지막 전투일지도 모른다는 불안감이 엄습해 온다. 영국군 총사령관으로 40여 차례의 전투에서 승리를 이끌었다. 프랑스군에서는 "존 탤벗John Talbot 장군이 온다!"라는 말만 들어도 공포에 떨 정도로 나의 명성이 적군에 널리 알려져 있다고 들었다. 그런 내가 이번 전투를 앞두고는 불길한 예감을 떨칠 수 없다. 어쩌면 예고된 패배와 허무한 죽음이 나를 기다릴지도 모른다.

1453년 7월 3일

적이 수적으로 두 배 이상 우세인 지금, 최대한 적을 보르도 시내

카스티용 전투에서 전사하는 탤벗 장군

로 끌어들여 격파하는 수밖에 없다. 그러나 프랑스 중앙군에 포위된 카스티용Castillon 주민들의 구원 요청을 무시할 수 없었다. 어쩔 수 없는 출전으로 인해 전략에 큰 차질을 빚게 되었다.

1453년 7월 16일

카스티용 전투의 전초전에서 너무 쉬운 승리를 거뒀다. 그 후 아군 장교들은 적(프랑스군)이 철수하려 한다는 보고를 올렸다. 지금이 마지막 기회일지도 모른다는 생각이 들었다. 수적으로 불리한 상황에서는 적이 후퇴할 때를 노려 기습하는 것만이 필승 전략이다. 본대를 기다렸다가 총공격을 하자는 부하들의 진언이 있었지만 나는 즉시

공격하기로 마음먹었다.

1453년 7월 17일

잠시 숨을 돌리며 마지막이 될지 모르는 글을 쓰고 있다. 우리 영국군의 시체가 들판을 뒤덮고 있다. 프랑스군이 철수했다고 믿고 적진 깊숙이 들어와 버렸다. 적은 전열을 가다듬은 채 우리를 기다리고 있었다. 합류하기로 한 아군은 끝끝내 보이지 않는다.

···

이때 포탄 하나가 탤벗 장군이 타고 있던 말을 강타했다. 낙마한 탤벗 장군을 부하들이 안전한 곳으로 옮기려 할 때, 미셸 페뤼냉 Michel Perunin이라는 프랑스 궁수가 장군 부하들을 제압하고 도끼로 탤벗 장군의 목을 베었다.

적국이었던 일본에서조차 불세출의 전쟁 영웅으로 두려움과 존경을 한 몸에 받던 이순신 장군과 비견되는 서양 장군이 있었다. 영국과 프랑스의 백년전쟁 당시에 영국군 총사령관으로 40여 차례의 전투를 승리로 이끌며 그리스 영웅 아킬레스Achilles에 비유될 만큼 명성을 떨친 존 탤벗 장군이다. 그는 보르도 지역을 포함한 점령지의 총독이었는데, 프랑스인 입장에서는 적장이었지만 주민들에게 선정을 베풀어 오히려 프랑스 정부의 지나친 세금 정책에 지쳐 있던 보르도 주민들에게 존경을 받았다.

백년전쟁 최후의 전투로 불리는 카스티용 전투에서 탤벗 장군은 초반 우세를 지키지 못했다. 당시 약 300년간 지속된 영국의 지배에 반발한 프랑스 서부 지역 시민들과 프랑스 국왕군이 합세하며 전세가 역전되어 결국 이 전투에서 패배하여 70세의 나이로 장렬히 전사하게 된다. 그는 1449년 루앙Rouen 전투 중에 생포돼 4년간 프랑스에서 포로로 지낸 후 풀려나올 때 "앞으로 프랑스와의 전쟁에서는 무장하지 않겠다."라고 약속했다고 한다. 그래서 그 약속을 지키기 위해 카스티용 전투에서 갑옷을 입지 않고 싸우다 전사했다는 일화가 전해진다.

그의 위대함을 기리고자 적국이었던 프랑스에서는 그의 이름을 딴 와인을 생산하기에 이르렀다. 1917년 코르디에Cordier 가문이

탈벗 장군

보르도 메독Médoc 지구에 위치한 와인 생산지인 생 줄리앙Saint-Julien 지역에서 와인을 생산하게 되면서 그를 기리기 위해 와인 이름을 '샤토 탈보(탈벗의 프랑스식 발음)'로 지었다. 물론 와인의 최대 소비국이었던 영국 소비자를 의식한 작명이라는 의견도 있다.
샤토 탈보는 카베르네 소비뇽Cabernet Sauvignon, 메를로Merlot, 카베르네 프랑Cabernet Franc, 프티 베르도Petit Verdot 등을 블렌딩하여 은은한 향과 여운 있는 피니시를 느낄 수 있다.
이 와인의 별명은 '승리의 와인'이다. 2002년 월드컵 당시 히딩크 감독이 16강 진출을 확정 지은 후 "오늘은 와인 한잔 마시고 푹 자고 싶다."라고 말한 와인이 1998년산 샤토 탈보였음이 알려져 '히딩크 와인'으로 불렸고, 히딩크 감독이 끝내 4강 진출을 이끌며 '승리의 와인'이라는 이름을 다시 한 번 증명했다.

♦ 이 와인은 승리를 기원하거나 승리를 축하하는 자리에서 함께하기를 추천하고 싶다. 존 탤벗 장군의 승리의 기운이 와인을 따라 와인 애호가에게 그대로 전해질 것이다.

샤토 탈보

생산지	프랑스, 보드로 생-줄리앙Saint-Julien
등급	그랑 크뤼 4등급
와인 타입	드라이, 미디엄 바디 와인
품종	카베르네 소비뇽 71%, 메를로 24%, 프티 베르도 5%(2021년 빈티지)
가격	10만 원대 중반

알마비바
Almaviva
피가로의 결혼

젊은 귀족 알마비바Almaviva 백작은 로지나를 보고 첫눈에 반한다. 그러나 로지나의 상속금을 노린 바르톨로라는 의사도 로지나와의 결혼을 계획하고 있었다. 이를 안 세비야의 이발사 피가로가 바르톨로를 속이고 알마비바 백작과 로지나가 결혼할 수 있도록 결정적으로 기여하게 된다. 그 공로로 피가로는 알마비바 백작의 시종이 된다.

그리고 피가로는 백작 부인이 된 로지나의 하녀인 수잔나와 사랑에 빠진다. 둘은 결혼을 맹세했으나 바람둥이였던 알마비바 백작이 이번에는 수잔나에게 첫눈에 반해 계속 추근댄다. 결국 로지나 백작 부인과 하녀인 수잔나는 하나의 꾀를 내어 알마비바 백작을 골탕 먹이기로 한다.

〈피가로의 결혼〉 중 한 장면

　백작부인과 수잔나는 서로 옷을 바꿔 입고 계략을 짠다. 그것을 모르는 알마비바 백작은 부인을 수잔나로 착각해 유혹하게 되고, 백작부인이 피가로와 함께 있는 모습을 보고 외도를 의심하며 성안 사람을 모두 부르게 된다. 그러나 옷을 바꿔 입었다는 사실을 알게 되고 알마비바 백작은 크게 난처해한다. 결국 두 여자의 계획대로 알마비바 백작은 자신의 바람기를 후회하고 백작 부인 로지나의 용서로 그녀의 곁으로 돌아가게 된다. 물론 피가로와 수잔나도 결혼에 골인하며 해피엔딩으로 극은 마무리된다.

모차르트

이 얘기는 피에르 보마르세Pierre Beaumarchais의 희곡 〈세비야의 이발사〉와 〈피가로의 결혼〉 내용이다. 이 내용을 바탕으로 모차르트Mozart는 그의 최고 걸작으로 꼽히는 오페라를 만들게 된다. 특히 〈피가로의 결혼〉은 모차르트가 30살 전성기에 쓴 작품으로, BBC가 뽑은 '역사상 최고의 오페라' 1위로 뽑힐 정도로 대중적인 인기와 음악적 예술성을 모두 인정받은 작품으로도 유명하다. 이 작품의 등장인물인 알마비바 백작의 이름을 따서 만든 와인이 알마비바다. 1996년 첫 빈티지를 시작으로 명실공히 칠레 프리미엄 와인의 상징과 같은 와인으로 자리매김했다.

그런데 여기서 한 가지 의문이 든다. 오페라 〈피가로의 결혼〉에 등장하는 많은 인물 중 왜 알마비바 백작에서 그 이름을 따왔을까? 오페라를 본 후 와인 이름을 지었을 파스칼 마티 Pascal Marty[*] 를 떠올리며 몇 가지 추측을 해 본다. 앞뒤 가리지 않고 눈앞에 보이는 사랑만을 좇아 돌진하는 백작의 모습이 최고의 와인을 만들기 위해 끊임없이 집착하는 본인과 닮았다고 생각했기 때문일까? 아니면 누군가를 첫눈에 사랑하면 이전의 사랑은 잊어버리는 백작처럼, 이 와인을 마시고 이전의 와인은 모두 잊었으면 하는 파스칼 마티의 바람이었을까?

어쩌면 오페라와 상관없이 알마비바가 스페인어로 '넘치는 영혼'이라는 뜻을 가지고 있기 때문일 수 있다. "피 같은 와인, 진하고 불꽃처럼 격렬하고 피처럼 싱싱한 고기 맛이 난다."라고 감탄했던 만화《신의 물방울》의 표현처럼, 영혼마저 부셔 버리는 강렬함을 가지고 있다.

또한 알마비바는 '합작', '협력'의 의미도 가지고 있다. 프랑스 보르도의 1등급 그랑 크뤼 와인 생산자인 필리프 드 로칠드 남작 가

---

[*]　미국 나파 밸리를 대표하는 고급 와인 오퍼스 원과 칠레 명품 와인 알마비바를 만든 양조 장인이다. 고가 와인 외에도 저가 와인의 대표 주자인 G7 생산에도 참여했다.

문Baron Philippe de Rothschild Family이 칠레의 전통 있는 와이너리 콘차 이 토로Concha y Toro와 협업하여 만든 와인이다. 이에 착안하여 와인명을 지은 것일 수도 있다. 어떤 의미로 지었건 이 와인에 알마비바라는 와인명은 부족함이 없어 보인다.

알마비바는 칠레 마이포 밸리Maipo Valley의 고지대에 위치한 푸엔테 알토Puente Alto 지역에서 생산된다. 안데스산맥과 마이포강의 영향으로 마이포 밸리에서 가장 서늘한 지역으로 손꼽힌다. 낮에는 강렬한 햇볕이 내리쬐고 저녁에는 기온이 뚝 떨어져 포도 양조에 최적의 테루아르terroir*를 갖추고 있다. 최근에는 이런 큰 일교차가 포도 내 폴리페놀polyphenol 함량을 높여 준다고 알려졌다. 폴리페놀은 식물이 만드는 2차 대사산물로 과일, 차, 와인 등에 함유된 항산화 물질이다. 이 지역 포도밭의 토양은 자갈과 점토로 구성되어 있어 낮의 온기를 오래 유지하며 배수가 잘된다. 또한 열악한 토양 환경으로 뿌리가 깊게 뻗어 다양한 미네랄을 흡수하며 스트레스가 높아 포도에 풍미가 집중된다.

---

* 프랑스어 'terre(땅)'에서 유래한 개념으로 특정 지역의 환경적인 요소가 포도주와 농산물의 맛과 특성에 미치는 영향을 의미한다. 토양, 기후, 지형, 미생물 환경 등이 해당된다.

◆ 알마비바 백작은 BBC가 꼽은 최고의 오페라에 등장하는 주인공이고, 그 이름을 딴 알마비바 와인은 칠레의 프리미엄 와인을 대표하는 주인공이다. 우리 모두는 우리 인생의 주인공들이다. 인생의 모든 주인공들이 멋진 드라마를 써 내려가길 기원하며 이 와인을 추천하고 싶다.

알마비바

생산지	칠레, 푸엔테 알토Puente Alto
와인 타입	드라이, 풀 바디 와인
품종	카베르네 소비뇽 65% 카르메네르 23%, 카베르네 프랑 5%, 프티 베르도5%, 메를로 약 2%(2020년 빈티지)
가격	30만 원대

도멘 뒤 페고 CDP
Domaine du Pegau, CDP
교황의 와인

필리프 4세 ————

"계모와 배다른 형제들의 위협을 물리치고 우여곡절 끝에 17세의 나이에 왕으로 즉위했다. 그러나 왕이라 해도 절대적인 권력을 행사하는 것은 아니다. 왕의 영지는 나라의 일부분일 뿐이고, 교황에게 줄을 선 공작이나 백작의 영지가 더 크면 왕보다 큰 힘을 휘두르는 경우가 많다. 그러나 이제 십자군 전쟁이 끝나고 더 이상 종교에 기대할 것 없는 시대를 맞아 왕권을 강화할 절호의 기회가 왔다.

권력은 자식과도 나눌 수 없다. 하늘에 태양은 두 개일 수 없다. 조율과 타협이 필요한 것은 내 힘이 약할 때뿐이다. 상대방 역시 내 힘이 약하다고 판단하면 나를 힘으로 제압할 것이다. 굳이 협상할 필요도 없다. 약한 모습을 보여서는 안 된다. 최소한 나를 건드렸다가는 상대방도 치명상을 입을 수 있다는 두려움을 심어 줘야 한다. 그리고 내 힘이 막강하여 큰 대미지 없이 상대방을 굴복시킬 수 있다는 확신이 드는 순간 가차 없이 발아래 굴복시켜야 한다.

필리프 4세와 교황 클레멘트 5세

황제의 휘하에 있는 제후와 영주들이 오히려 교황을 지지해 황제가 알프스를 넘어 교황 발밑에 굴복한 '카노사의 굴욕Humiliation of Canossa(1077년)'이라는 치욕적인 역사적 사건도 있었다. 그 굴욕을 씻을 기회가 왔다. 십자군 원정이 길어져 교황을 지지했던 많은 영주들이 돌아오지 못하고 있다. 계속해서 영역과 세력을 확장하기 위해서는 군비가 많이 필요하다. 세금뿐만이 아니라 어마어마한 헌납금을 받는 교회를 휘하에 두면 자금 문제도 일거에 해결된다. 무력으로 제압할 수 있는 절호의 기회다."

그렇게 필리프 4세Philippe IV*는 교황을 프랑스 아비뇽Avignon으로 강제 이주시켜 거주하게 했다. 일종의 볼모이자 인질이었다. 후세 사람들은 교황이 1309년부터 1377년까지 70년간 프랑스 아비뇽에 머물렀던 사건을 아비뇽 유수Avignon Papacy라 불렀다.

---

* 1268~1314. 프랑스 카페 왕조 11대 왕이다. 잘생긴 외모 덕에 '미남 왕'이라는 별명을 가지고 있다. 아비뇽 유수라고 하여 교황을 아비뇽에 머물게 해서 중앙 집권과 왕권 강화를 이끈 왕이다. 다만 그의 죽음 후에 왕위 계승 문제로 카페 왕조가 붕괴되고 발루아 왕조가 출범하게 된다.

아비뇽 유수 시기에 교황을 비롯한 교인들이 근처의 포도밭에서 와인을 만들어 미사주로 쓰거나 물 대신 음용하면서 CDP가 탄생하게 된다. CDP는 'Châteauneuf-du-Pape'의 약어로 교황의 새로운 성(교황이 지정한 장소)이라는 뜻이다. 그래서 와인의 병에는 양각으로 교황의 문장과 성 베드로의 두 열쇠가 새겨져 있다. CDP를 일명 '교황의 와인'이라 칭하는 이유다.

CDP는 프랑스 남동부 론Rhône 지역의 아래쪽에 위치한 마을 이름이다. CDP 와인은 그르나슈Grenache를 주요 품종으로 하고 시라Syrah, 무르베드르Mourvedre, 생소Cinsault 등 13개 품종의 블렌딩이 허용된다. 많은 품종을 블렌딩하다 보니 복잡미가 두드러진다는 점이 CDP 와인의 가장 큰 특징이다.

론 지역의 3대 CDP로 손꼽히는 도멘 뒤 페고Domaine du Pegau는 1670년경부터 와인을 생산한 유서 깊은 와이너리다. 다만 지금의 유명세를 떨치게 된 것은 창업주의 자손이자 와인 메이커인 로랑스 페로가 지금의 도멘 이름을 붙이고 와이너리를 맡으면서부터다. 그녀는 1992년 다양한 와인 대회에 출품하여 많은 수상을 했으며, 그 후 10년 사이 로버트 파커Robert M. Parker Jr로부터 6번이나 100점을 받는 기록을 세우며 세계적인 명성을 얻게 되었다. 로버트 파커는 "의심할 여지 없이 도멘 뒤 페고는 전통적으로 만들어진 CDP의 최고 영지 중 하나로, 흠잡을 데 없는 품질과 가성비로 남부 론 최고의 와이너리로 인정받고 있다. 이는 '다른 와이너리가 부족한 것이 아니라 페고에 가려져 있다.'라는 문장을 확인시켜 주고 있다."라며 극찬했다. 특히 만화《신의 물방울》에 제3 사도로 등장하는 퀴베 다 카포Cuvée Da Capo 2000년 빈티지는 100년 된 노목으로 만드는 기적의 와인으로 도멘 페고의 최고봉으로 평가받는다.

♦ 프랑스의 다양한 품종을 블렌딩하는 대표 와인으로 CDP와 지공다스 (Gigondas)를 꼽는다. 지공다스는 일반적으로 6개의 품종을 블렌딩하는 반면 CDP는 13개의 품종까지 블렌딩이 가능하다. 진정한 블렌딩의 복합미와 다양성을 맛보고 싶은 소비자에게 이 와인을 추천하고 싶다.

도멘 뒤 페고 CDP

생산지	프랑스, 론Rhone
등급	Chateauneuf Du Pape AOC
와인 타입	드라이, 풀 바디 와인
품종	그르나슈 80%, 시라 10%, 무르베드르 4%, 그 외 품종들 6%(2020년 빈티지)
가격	10만 원대 초반

샤스 스플린
Chasse-Spleen
슬픔이여 안녕

보들레르 ————

"언제나 취해 있어라. 그것이 유일한 문제다. 어깨를 짓누르고 그대 몸을 기울게 하는 시간의 무서움을 느끼지 않으려거든 계속해서 취해 있어라."

밤새 잠을 이루기 쉽지 않다. 부잣집 아들로 태어나 마음 내키는 대로 살았다. 성인이 되어 상속받은 재산으로 여자, 술, 마약 등에 푹 빠져 살았다. 물려받은 돈을 내 마음, 내 몸이 하고 싶은 대로 쓰겠다는데 왜 나를 이렇게 구속하는가? 상속받은 나머지 재산은 가족들이 모두 법정 후견인에게 맡겨 버렸다. 이제는 내 수중에 돈이 한 푼도 없다. 매음굴에 가지도 못하고 술, 담배, 마약도 이제는 마음껏 할 수 없다. 성병은 악화되어 몸을 갉아먹고 우울증은 심해져 무기력하고 죽고 싶은 기분이 들 때가 한두 번이 아니다.

"그러나 무엇을 가지고 취할 것인가? 술로, 시로, 미덕으로, 그건 좋을 대로 해라. 어쨌건 끊임없이 취해 있어라."

잔느 뒤발, 그녀는 영롱한 보석이다. 이 세상에 하나밖에 없는 찬란한 태양이다. 유일하게 내 마음을 헤아려 주고 보듬어 주는 안식처다. 때론 격렬하고 때론 치명적인 육체를 가진 비너스다. 다만 온전히 나의 것이 아니라는 패배감이 들 때도 있지만 나만의 것이 아니기에 더 집착하고 애타게 한다. 나는 요즘 그녀에 대한 사랑으로 푹 빠져 있다. 그럴수록 나의 좌절감과 공허함은 커져만 간다.

"그리고 궁전의 섬돌이나 도랑의 푸른 풀 위에서나 그대의 침울한 고독 속에서 그대가 잠이 깨어 취기가 줄어들고 없어졌거든 물어보라. 바람에게, 파도에게, 별에게, 새에게, 기어가는 모든 것에게, 노래하는 모든 것에게, 말하는 모든 것에게 시간을 물어보라. 그러면 바람과 파도와 별과 새와 시계가 모두 그대에게 대답할 것이다."

몸은 썩어 들어가고 내 마음처럼 안 되는 세상이 엿같아 짜증이 나고 어쩔 수 없는 현실에 우울감만 커진다. 그럴 때마다 나를 위로해 주고 세상 우울과 근심을 잊게 해 주는 친구가 바로 이 와인이다. 나는 요즘 샤스 스플린Chasse-Spleen 와인에 흠뻑 빠져 있다.

"취할 시간이다. 영혼의 노래가 되어 학대받지 않기 위해 끊임없이 취하라. 와인에, 시에, 미덕에, 당신이 원하도록 취하라."

– 이상 인용문은 보들레르의 시 〈취하라〉

45

샤스 스플린 와이너리는 18세기에 프랑스 보르도 메독Médoc 지역의 물리Moulis에 설립되었다. 이곳은 자갈이 많은 토양으로 과즙이 풍부한 최상급 포도가 재배되는 유명한 포도 산지다. 80헥타르의 포도밭에 카베르네 소비뇽, 메를로, 프티 베르도, 카베르네 프랑을 주로 재배하며 스테인리스 스틸 탱크 등에서 발효 후 프랑스산 오크 배럴에서 약 12~15개월 동안 숙성시킨다.

간혹 이 와인이 그랑 크뤼 클라세Grand Cru Classé에 포함되어 있다고 생각하는 사람들이 있지만 실제로는 그렇지 않다. 다만 2020년에 크뤼 부르주아 엑셉셔넬Cru Bourgeois Exceptionnel에 선정될 만큼 품질을 인정받았으며 로버트 파커가 그랑 크뤼 클라세 3등급에 필적한다고 극찬을 할 만큼 괜찮은 와인이다.

샤스 스플린Chasse-Spleen은 프랑스어로 '슬픔Spleen을 몰아내다 Chasse'라는 뜻으로 프랑스의 시인 샤를 보들레르Charles Baudelaire가 우울증으로 몹시 힘들어할 때 바로 이 와인을 마시며 우울증을

 1821년 파리 태생으로 자유분방한 기인으로 살다 46세의 나이인 1867년 매독 혹은 고혈압으로 사망했다. 리옹(Lyon) 왕립기숙학교를 거쳐 명문 루이 르 그랑(Louis-le-Grand) 학교에 입학했으나 졸업 직전 퇴학당했고 21살의 나이에 물려받은 막대한 유산도 사창가를 넘나드는 방탕한 생활로 5개월 만에 절반을 탕진하여 결국 그의 가족에 의해 매년 일정 금액의 연금을 받으며 살게 되었다. 그의 첫 작품은 <1845년의 살롱>이라는 예술 비평이었고 이후 두 번째 살롱 평론과 소설을 출간하기도 했으며 그의 첫 시집이며 가장 유명한 작품인《악의 꽃 (Les Fleurs du mal)》은 1857년에 출간되었다.

이겨 냈다고 한다. 또한 1821년 영국 시인 로드 바이런Lord Byron이 이 지역을 방문하여 이 와인이 우울함을 날려 준다고 언급하면서 샤스 스플린이라는 이름이 지었다는 설도 있다.

보들레르

♦ 제정신으로 살 수 없기에 술에 취해야 한다거나 습관적으로 하루의 시름을 술로 잊어 보려는 분들은 이미 술에 의존도가 높은 분들이라 굳이 이 와인을 추천하고 싶지는 않다. 우울한 일로 심적인 어려움을 겪고 있는 분들 중에서 처진 기분을 술 한잔으로 반전시키고 싶은 간헐적 애주가에게 추천하고 싶다.

샤스 스플린

생산지	프랑스, 보르도 물리Moulis
등급	Champagne AOC
와인 타입	드라이 와인
품종	카베르네 소비뇽 52%, 메를로 40%, 프티 베르도 6%, 카베르네 프랑 2%(2019년 빈티지)
가격	6만 원대

루이 로드레 크리스탈
Louis Roederer, Cristal
황제의 샴페인

루이 로드레 ————

　몇 달 뒤인 1867년 6월 7일, 프랑스에서 뛰어난 음식으로 유명한 카페 앙글레Café Anglais에서 '세 황제의 만찬'이 열린다. 독일의 첫 황제가 되시는 빌헬름 1세Wilhelm I가 러시아 알렉산드르 2세Alexander II와 그의 아들 알렉산드르 3세Alexander III를 만찬에 초대한 것이다. 이 만찬을 위한 샴페인을 공급해 달라는 요청을 받았을 때는 뛸 듯이 기뻤지만 한 가지 걱정이 있다.

　최근에는 샴페인이 암살의 도구로 자주 사용되고 있다. 음식에 독을 타서 암살을 시도하는 경우는 너무나도 흔하지만 이제는 교묘하게 샴페인을 이용하고 있다. 작년에도 알렉산드르 2세에 대한 암살 시도가 있었다. 어떻게 하면 원천적으로 암살 시도를 막고 눈으로 보기에도 안전한 샴페인병을 만들 수 있을지 고심이 깊어지고 있다.

알렉산드르 2세

...

드디어 해답을 찾았다. 기존의 샴페인병은 직사광선 등으로 와인이 변질되는 것을 막기 위해 녹색 병을 사용하고 있고, 침전물을 가라앉히기 위해 병 바닥의 가운데를 볼록하게 튀어나오게 만들고 있다. 녹색 병은 소형 폭탄을 장착할 위험이 있고 효모 찌꺼기에 독약을 섞어 침전물로 위장시킨 후 병입을 하는 경우도 있다. 그렇다면 병 전체가 선명하게 보이게끔 투명한 병을 만들면 된다. 그리고 효모 찌꺼기를 눈으로 확인할 수 있게끔 병 바닥을 평평하게 하면 된다. 바로 그거다!

...

유리 장인에게 의뢰해 투명하고 바닥이 평평한 병을 만들게 했다. 그리고 우리 회사 최고급 샴페인을 채운 후 특별히 병목에 황실의 문양을 인쇄해 황제만의 샴페인임을 알 수 있게 제작했다. 나는 투명한 병에서 영감을 얻어 이 샴페인을 '크리스탈Cristal'이라고 부르기로 했다.

알렉산드르 2세는 러시아 제국의 차르(국왕)로 1855년부터 1881년까지 '대개혁기'를 이끈 인물이다. 특히 1861년 농노해방령을 반포하여 농노제를 폐지하면서 '해방자'라는 별명을 얻기도 했다. 이로 인해 러시아 사회의 자본주의 발전이 본격화되었지만 개혁의 속도와 이념적 차이로 혁명 세력과의 갈등이 심화되었다. 결국 1866년 4월 혁명 세력에 의한 암살 미수 사건이 발생하게 되고 이후 정부 정책은 반동으로 선회하게 되었다.

그리하여 1866년부터 1880년까지 공식적으로 네 차례의 황제 암살 시도가 있었고, 드러나지 않은 것까지 포함하면 수많은 암살 시도가 있었을 것으로 추정된다. 1867년 프랑스 파리의 카페 앙글레에서 '세 황제의 만찬'이 열렸고 이때 초청받은 알렉산드르 2세는 샴페인에 특별한 주문을 하게 된다. 암살 시도를 방지하기 위해 병 바닥이 평평하면서 병 전체가 투명한 샴페인병을 만들어 줄 것을 요구했던 것이다. 주문을 받은 루이 로드레Louis Roederer는 황제만을 위해 특별 제작된 크리스탈 샴페인을 내놓게 된다. 이 샴페인은 1917년 2월 러시아 혁명으로 러시아 제국이 멸망하기까지, 약 40년간 오직 러시아 황실에만 공급되었다.

루이 로드레 와이너리는 1776년에 설립되었으며, 로드레 가문이 경영하는 가족 기업으로 프레드릭 루조Fréderic Rouzaud가 이끌고 있다. 지금은 단순한 와이너리를 넘어 전 세계 1,000명 이상의 직원, 12개의 와이너리, 3개의 유통 자회사, 예술·문화 재단, 호텔 숙박 시설 등을 갖춘 전방위적인 그룹으로 성장했다.

이 와이너리는 프랑스 샹파뉴 지방의 몽타뉴 드 랭스Montagne de Reims, 코트 데 블랑Côtes des Blancs 및 발레 드 라 마른Vallée de la Marne에 분포되어 있으며 샤르도네와 피노 누아 품종을 재배하여 샴페인을 만든다. 빈티지에 따라 차이는 있지만 50만 원대를 훌쩍 넘는 고급 샴페인의 대명사다.

♦ 크리스탈의 시작은 황제만을 위해 특별히 제작된 최고급 샴페인이었다. 부담되는 가격이라 매년은 어렵더라도 특히 의미 있는 생일이나 결혼기념일 등 특별한 날에 소중한 사람들과 이 와인을 함께하길 추천하고 싶다.

루이 로드레 크리스탈

생산지	프랑스, 샹파뉴Champagne
등급	Champagne AOC
와인 타입	브뤼 와인, 30년까지 숙성 가능
품종	피노 누아 55%, 샤르도네 45%
가격	50만 원대

칼롱 세귀르
Calon Ségur
사랑의 와인

세귀르 백작 ————

나는 금수저다. 나처럼 프랑스 보르도Bordeaux에 고급 와이너리를 여러 개 소유하고 있는 사람은 없다. 아버지로부터 샤토 라피트 Château Lafite를, 어머니로부터 샤토 라투르Château Latour를 물려받았고, 샤토 무통Château Mouton도 구입했다. 보르도 최고의 와이너리 3개를 소유하고 있는 것이다. 거기에 샤토 몽로즈Château Montrose와 샤토 퐁테 카네Château Pontet-Canet까지 소유하고 있다.

태어나면서 신분이 정해지는 사회다. 당연한 것으로 받아들이는 사람들이 대부분이겠지만 한편에서는 나를 부러워하거나 시기해서 와인에 대한 나의 진심과 열정까지 폄하하는 사람들도 있다. 나는 보여 주고 싶었고, 증명하고 싶었다.

지금까지 보르도 지역에서는 클라레claret라고 불리는 묽은 스타일의 와인을 양조해 왔다. 보르도 지역, 특히 가론Garonne강과 지롱드Gironde강의 좌측에 위치한 보르도 좌완은 남서부 대서양 연안에 위치해 있어 온화한 해양성 기후를 가지고 있다. 겨울이 짧고 온화하며, 여름은 뜨겁고 습도가 높아 일조 시간도 풍부하다. 토양은 대부분 조약돌과 자갈로 구성되어 있어 배수가 매우 뛰어나고 열기를 품고 있어 포도가 익는 데도 좋다. 포도가 잘 자라는 최적의 환경에서 최고의 와인을 생산하기 위해 가장 적합한 포도 품종은 무엇일까? 여러 포도 품종을 심어 보고 실험해 봤다. 그 결과 이 지역 최적의 포도 품종은 카베르네 소비뇽이었다.

이때부터 나는 보르도에 가장 적합한 품종인 카베르네 소비뇽을 널리 전파하게 되었다. 그 이후로 나는 조금씩 사람들로부터 인정받기 시작했다. 최상의 포도밭에서 최고급 와인을 생산하며 나는 프랑스 최고의 와이너리 소유자가 되었다. 영광스럽게도 프랑스 루이 15세는 나를 '포도밭의 왕자Prince des vignes'라고 불러 주었다.

그러나 내가 가장 사랑하는 와이너리는 샤토 라투르, 샤토 라피트, 그리고 샤토 무통이 아니다. 내가 가장 사랑하는 와이너리는 바로 내가 가장 사랑하는 아내 잔 드 가스크Jeanne de Gasq가 결혼 지참금으로 가져온 칼롱Calon이다. 아내를 사랑하는 마음으로 나는 나의 모든 열정과 애정을 칼롱에 쏟았다. 내가 와인을 만든 곳은 라피트와 라투르지만 나의 마음은 언제나 칼롱에 있다.

세귀르 백작

니콜라 알렉상드르 드 세귀르Nicolas-Alexandre de Ségur* 백작은 보르도에 카베르네 소비뇽 품종을 널리 전파시킨 인물로 알려져 있다. 그는 보르도 최고의 와이너리인 샤토 라투르, 샤토 라피트 그리고 샤토 무통을 소유하고 있었지만, 와인에 대한 열정은 끝이 없었다. 특히 그 당시에는 알려지지 않았던 와이너리 칼롱에 대한 애정이 엄청났던 것으로 전해진다. 그것은 아마도 부모에게 물려받은 것이 아니라, 사랑하는 아내가 결혼 지참금으로 가져온 와이너리이기 때문일 것이다. 그랬기에 그는 죽는 날까지 손수 가꾸며 그의 모든 열정과 애정을 쏟아부었다고 한다.

칼롱은 생 테스테프Saint-Estèphe 가장 북쪽에 위치하여 다소 서늘한 기후를 나타낸다. 이 지역 특징에 맞게 카베르네 소비뇽을 주 품종으로 다양한 품종을 블렌딩하고 있다. 칼롱 세귀르는 보르도 그랑 크뤼 3등급Grand Cru Classé 3ème 와인이다. 하지만 하트가

* 1697~1755. 프랑스 보르도(Bordeaux) 지역의 전설적인 와인 생산자로 포도밭의 왕자(Prince des Vignes)라는 별명을 가진 보르도의 귀족이다

그려진 독특한 레이블과 이 와인이 가지고 있는 스토리텔링 때문에 일본과 한국 등 아시아 지역에서 큰 인기를 얻고 있다. 그래서 등급에 비해 30만 원대의 높은 가격(빈티지에 따라)에 팔리고 있다.

◆ 레이블에 하트가 그려져 있어, 사랑하는 연인과 함께 마시고 싶은 첫 번째 와인으로 늘 이 와인이 꼽힌다. 특히 발렌타인데이, 크리스마스 등 특별한 날에 연인과 함께 마시기 가장 좋은 와인이다. 다만 특수 수요 때문에 매년 가격이 치솟고 있는데, 과연 그 가격대의 가치가 있는지에 대해서는 의문이 남는다. 만약 가격에 대한 부담이 있다면 하트가 그려진 다른 와인도 괜찮다. 모스카토의 달달함까지 느낄 수 있는 줄리에타(Giulietta) 혹은 신선함 그 자체인 보졸레 누보(Beaujolais Nouveau) 생타무르(Saint-Amour)를 대안으로 추천한다.

칼롱 세귀르	
생산지	프랑스, 보르도 생테스테프Saint-Estephe
등급	그랑 크뤼 3등급
와인 타입	드라이, 미디엄 바디 와인
품종	카베르네 소비뇽 75%, 카베르네 프랑 17%, 메를로 6%, 프티 베르도 2%(2013년 빈티지)
가격	30만 원대

로열 토카이
Royal Tokaji
전화위복

어느 와이너리의 농부 ————

이 나이까지 살면서 내가 내린 결론은 단 하나, "인생은 정말 알 수 없다."라는 것이다.

젊은 시절(1775년), 일조량도 좋고 비도 적당히 내려 포도 농사가 풍작인 해가 있었다. 내심 실한 포도로 정말 맛있는 와인을 만들 거라 기대했었다. 그러나 포도를 수확해야 할 시기가 다 되었는데 수확 지시가 내려지지 않았다.

여기 토카이Tokaji 와이너리는 독일 풀다Fulda 지역의 주교가 소유하고 있었다. 그래서 매년 포도의 정확한 재배 시기와 수확 시기를 주교가 편지를 통해 영주님에게 알려 주었다. 영주님이 편지에 적힌 수확 날짜에 맞춰 우리한테 지시를 내리면 그때 우리는 수확을 했다.

귀부 포도

분명 매해 날씨가 조금씩 쌀쌀해지기 시작하는 이맘때 수확을 했던 것으로 기억하는데 그해는 수확 지시가 늦어지고 있었다. 영주님한테 몇 번 얘기했지만 돌아오는 건 아직 편지를 받지 못했다는 대답뿐이었다. 조금씩 포도 껍질이 쪼글쪼글해지고 색깔도 황금빛 혹은 갈색으로 변하기 시작했다. 결국 보트리티스균botrytis cinerea에 감염되고 말았다.

뒤늦게 도착한 주교의 대리인은 포도의 상태를 보고 이 포도로 와인을 만들면 생산량도 적을 것 같고 맛도 장담할 수 없으니 우리들에게 내다 버리든지 그냥 먹든지 알아서 하라고 지시했다. 사정 얘기를 들어 보니 주교가 영주님에게 보낸 편지가 분실되었다고 한다.

어떻게 할까 많은 고민이 되었다. 막상 버리려니 아까워서 우리들은 보트리티스균에 감염되어 쭈글쭈글해진 포도로 포도주를 만들기로 했다. 전혀 기대를 하지 않았는데 뜻밖에 너무나도 달콤한 와인이 만들어졌다. 그렇게 우리들에 의해 그 유명한 토카이 와인이 시작되었다.

그 후 루이 14세에게 토카이 와인이 선물되면서 프랑스에 정식으로 소개되었고 이때부터 프랑스어로는 우아한 부패la pourriture noble라 불리게 되었다. 그리고 그 달콤함에 프랑스 및 유럽 여러 왕실과 귀족들 사이에서 디저트 와인으로 사랑받게 되었다. 토카이 와인을 만든 우리의 자부심은 이루 말할 수 없다.

토카이 와인 산지인 토카이 헤갈랴야Tokaji-Hegyalja는 포도 재배에 최적화된 테루아르를 갖고 있다. 유럽의 유명 와인 생산지가 그러하듯 석회암 지대로 물 빠짐이 좋고 화산 지형 특유의 비옥한 토양으로 철분이 풍부할 뿐만 아니라 일조량, 강수량 등도 최적화되어 있다. 그러나 가을이 되면 보드록Bodrog 강과 티사Tisza 강에서 일어나는 짙은 새벽안개 때문에 보트리티스라는 병원균이 발생할 확률이 높다. 이 보트리티스균은 잿빛곰팡잇병을 유발하는 병원균으로, 이 균이 포도에 퍼지면 포도알 속의 수분이 줄어들어 겉모습이 쭈글쭈글하니 볼품없는 포도로 변하게 된다.

지금은 토카이 와인 중 귀부 포도로만 만든 와인은 토카이 에센시아Eszencia라고 부르며, 토카이 아수Aszú라고 부르는 와인은 모두 베이스 와인에 귀부 포도를 넣어 만들고 있다. 이때 귀부 포도를 담은 바구니를 푸토니puttony*라고 부르는데, 베이스 와인에 푸토니 몇 개를 넣었느냐에 따라 토카이 아수 와인의 당도 등급이 결정된다. 당연히 푸토니를 많이 넣으면 당도가 높아지기 때문에 뒤에 붙는 숫자가 높을수록 당도 등급이 높아진다. 다만 3부터 6까

 건포도화된 포도(Aszú)를 수확할 때 사용하는 대략 25리터 용량의 나무통을 의미한다. 136리터의 헝가리 캐스크에 푸토니 몇 개를 넣었느냐에 따라 당도 등급이 정해진다.

지의 등급 중 3~4푸토니는 귀부 와인으로 인정해 주지 않아 아수라고 표기할 수 없고 5~6푸토니만 아수라고 표기할 수 있다.

토카이 와인은 18세기에 탄생해 유럽의 왕실과 귀족들에게 사랑을 받으며 20세기 초에는 보르도 1등급 와인의 4배 가격에 팔릴 정도로 최전성기를 누리기도 했다. 그러나 제2차 세계대전으로 헝가리가 공산화되면서 품질이 현격히 떨어져 명성도 곤두박질치고 말았다. 장기간 침체기를 지나 옛 명성을 되찾기 시작한 것은 1989년 헝가리 사회주의 체제가 붕괴되면서부터다. 그해에 영국의 유명 와인 평론가 휴 존슨Hugh Johnson이 주축이 되어 해외 투자 자본으로 로열 토카이 와인 컴퍼니Royal Tokaji Wine Company를 설립했다. 그 후 프랑스 악사AXA, 스페인 베가 시실리아Vega Sicilia 등 세계 여러 와이너리들의 투자가 이어지며 토카이 르네상스가 다시 열리게 된다.

그 시작이 로열 토카이Royal Tokaji이며, 지금까지 상업적으로 가장 성공한 토카이 생산자다. 100개 이상의 국제상을 수상할 정도로 품질 면에서도 압도적인 우위를 보이고 있으며, 30개국 이상에 수출될 정도로 규모도 가장 크다.

♦ 토카이 와인에서 확인되듯, 희대의 걸작은 뜻하지 않은 재발견에서 탄생하는 경우가 많다. 위기를 좌절로 받아들이지 않고 기회로 삼아 그 안에서 성공 스토리를 만들고 싶은 사람들에게 추천하고 싶다. 또한 머리가 띵해질 정도의 극강의 단맛을 느끼고 싶다면, 혹은 연인과 함께하는 달달한 식사 자리에 그 달달함을 배가시키고 싶다면 토카이 와인을 추천하고 싶다.

로열 토카이

생산지	헝가리, 더 노우스이스트The Northeast, 토카이-헤갈라야Tokaji-Hegyalja
와인 타입	스위트 와인
품종	푸르민트 50%, 하르슈레벨루 45%, 뮈스카 5%(2016년 빈티지)
가격	6~30만 원대(당도 등급에 따라 차이)

사시카이아
Sassicaia
틀을 깬 도전의 슈퍼 투스칸

니콜로 인치자 ─────

아버지는 와인업계에 나의 롤 모델이자 우상이다. 아버지는 천부적인 재능과 와인에 대한 열정으로 이미 토스카나Toscana 지역에서는 유명인사다. 젊을 때부터 와인 선진국이라 할 수 있는 프랑스 보르도의 여러 와이너리에서 실무 경험을 익혔고, 보르도 1등급 와이너리에서 양조 기술을 배우기도 했다.

그러나 이제는 아버지도 어쩔 수 없는 기성세대다. 새로운 도전보다는 전통을 지키고 관습을 따르는 것을 너무나 당연하게 여긴다. 토스카나 지방에 정착했을 때부터 아버지는 알고 계셨다. 이 지역에는 토착 품종인 산지오베제sangiovese 보다는 외래 품종인 카베르네 소비뇽cabernet sauvignon 이 더 적합하다는 사실을. 그래서 카베르네 소비

농 품종으로 엄청난 와인을 만들었지만, 세상의 눈이 무서워 시장에 내놓지 못하고 있었다.

이 와인이 얼마나 엄청난 와인인지를 나만 알고 있는 것이 아니었다. 당시 와인 메이커로 명성을 얻고 있던 자코모 타키스Giacomo Tachis*가 시장 출시에 더 적극적일 정도로 그 엄청난 가치를 알아보고 있었다. 아버지를 설득하고 또 설득했다. 외래 품종으로 만든 와인이기에 최하위 등급을 받을 수밖에 없고 웃음거리로 전락할 수도 있다. 그러나 결국 언젠가는 그 품질과 가치를 알아봐 주는 날이 올

---

*   1933~2016. 이탈리아의 전설적인 와인 메이커로 '이탈리아 와인의 아버지'라 불린다. 슈퍼 투스칸(Super Tuscan) 와인의 탄생에 중요한 역할을 하는 등, 20세기 중반부터 이탈리아 고급 와인의 재탄생에 큰 기여를 했다.

것이다.

전통에 맞서고 세상의 편견과 싸우는 것이 얼마나 어려운지 알고 있다. 하지만 모든 위대한 발견과 발명은 이렇게 시작된다는 것 또한 알고 있다. 호주머니에서 내가 늘 가지고 다니는 나의 인생 좌우명을 꺼내서 다시 읽어 본다.

"생각만 하고 행동하지 않는 것은 무책임하고 쓸데없는 행위다. 행동을 하는 것은 결과를 얻기 위해서만이 아니다. 내 자신이 어떤 사람인지 발견하고 경험할 수 있게 기회를 주는 것이다. 무언가에 도전하고 넘어지고 무너지고 세상의 저항을 느끼며 그 저항에 내가 어떻게 대응하는지를 보는 것이다. 그걸 계속 반복하며 내 능력이 얼마나 되는지, 그리고 그 능력이 얼마나 독특하고 위대한지를 보는 것이 행동이다. 충분히 생각했다. 도전하고 행동하자."

이탈리아 북서부 피에몬테Piemonte에서 와인 사업을 하던 마리오 인치자Mario Incisa della Rocchetta는 1944년 토스카나의 해안 지방인 볼게리Bolgheri에 테누타 산 귀도Tenuta San Guido 와이너리를 만들었다. 그는 이미 보르도의 1등급 와이너리인 샤토 무통 로칠드Château Mouton Rothschild에서 양조 기술을 배웠고, 보르도의 여러 와인을 접했기 때문에 어떤 품종의 포도를 심어야 할지를 알고 있었다. 그래서 1헥타르 정도의 작은 땅에 토착 품종인 산지오베제 대신 카베르네 소비뇽을 심게 되었다.

처음에는 상업 목적이 아니라 가족이 마실 와인을 만들기 위해서였다. 그러나 와인의 탁월한 품질을 알아본 그의 아들 니콜로Niccolò와 토스카나의 전설적인 와인 메이커 자코모 타키스는 이 와인을 시장에 내놓기로 결심했다. 그렇게 1971년에 1968년 빈티지 와인 약 7,000병을 내놓으면서 공식적인 데뷔가 이루어졌다. 사시카이아Sassicaia는 '돌이 많은 땅'이라는 뜻이다. 프랑스 보르도 지역의 포도밭에 자갈이 많은 것에서 유래된 이름이다.

출시했을 당시 토스카나 지역에서는 큰 호응을 얻지 못하고, 대신 '별종', '이단아'로 불리게 되었다. 토스카나에서는 토착 품종으로 만든 와인만이 이탈리아 품질 보증 마크(DOC / DOCG 등급)를 받을 수 있는데, 느닷없이 프랑스 품종으로 와인을 만들었기 때문

이었다. 결국 이탈리아의 4단계 등급 체계 중에서 최하위인 VDT 등급을 부여받게 되었다.

그렇게 토스카나 지방에서 무시받던 이 와인에 터닝 포인트가 발생하게 되었다. 미국인들이 이탈리아 여행을 하다 이곳 와이너리를 우연히 방문했다가 여기서 맛본 사시카이아에 크게 감동을 받아 "Super!"라며 극찬을 한 것이다. 그래서 '토스카나 지방에서 만든 와인 중에 최고'라는 입소문이 돌았고, 미국의 매체를 통해 전 세계적으로 알려지게 되면서 '슈퍼 투스칸Super Tuscan[*]'이라는 명칭이 생기게 되었다.

또한 1978년 와인 전문 잡지 〈디캔터Decanter〉가 주최한 블라

---

[*] 이탈리아 와인법을 따르지는 않지만, 토스카나 지방에서 생산되는 매우 뛰어난 와인을 가리키는 용어다. 대표적인 슈퍼 투스칸으로는 사시카이아(Sassicaia), 오르넬라이아(Ornellaia), 솔라이아(Solaia), 마세토(Masseto), 티냐넬로(Tignanello) 등이 있다.

인드 테이스팅에서 전 세계 33개의 와인을 제치고 사시카이아 1972년 빈티지가 1위를 차지하면서, 명실공히 맛과 품질을 공식적으로 인정받게 되었다. 1994년에는 이탈리아 최초로 단일 와인에 주어진 DOC 등급, 즉 'Bolgheri Sassicaia DOC'가 부여되면서 슈퍼 투스칸의 대표 주자로 자리매김하게 되었다.

♦ 관습에 얽매이지 않고 기존의 틀을 깨고 도전하는 이들, 결과에 상관없이 실패를 두려워하지 과감히 부딪치는 이들, 비난과 따돌림에도 꿋꿋이 자신의 길을 가는 이들, 이 모든 인생 과정의 승리자들에게 이 와인을 추천하고 싶다.

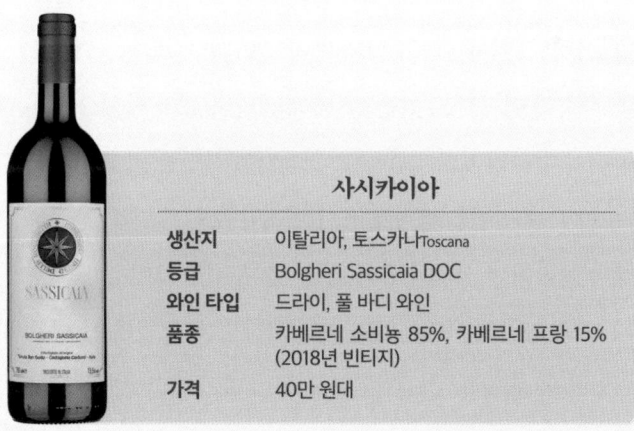

사시카이아

생산지	이탈리아, 토스카나Toscana
등급	Bolgheri Sassicaia DOC
와인 타입	드라이, 풀 바디 와인
품종	카베르네 소비뇽 85%, 카베르네 프랑 15% (2018년 빈티지)
가격	40만 원대

마츠
Matsu
기다림

어느 와인 콜렉터 ────

정면을 응시하며 카메라가 뚫어져라 렌즈에 눈을 고정하고 있다. 한 사람의 일대기 같지만 사실 그들은 각기 다른 사람이다. 그리고 아들, 아버지, 할아버지의 삼대 가족도 아니다. 그들은 각자 자신의 삶을 묵묵히 살아가고 있는 그 시대, 그 연령대의 사람들이다. 다만 공통점이 있다면 빵모자를 쓰고 노동자의 복장을 하고 있다는 점이다. 또한 모두 정면을 똑바로 응시하고 있으며, 꽉 다문 입은 한 가지 일에만 매진해 온 사람 특유의 고집과 자부심을 보여 준다.

나 또한 가만히 사진을 뚫어지게 쳐다본다. 그들의 꽉 다문 입은 무언가를 내게 말하고 있는 듯하다. 굳이 말하지 않아도 눈빛과 가슴으로 전달할 수 있는 인생의 무언가를 말이다.

가장 젊은 친구는 '엘 피카로El Pícaro'라 불린다. '악당'이라는 뜻이며 '건방진 녀석'이라는 별명이 붙는다. 하지만 부정적인 의미보다는 젊음의 강인함, 늠름함, 용기 등을 상징한다. 강렬하지만 선한 눈빛과 투박하지만 조화로운 이목구비는 시골을 선택한 젊은이의 선한 마음과 순박함마저 엿보인다. 그러나 사진의 전체적인 분위기에서 보듯 젊은 나이에 와인 생산에 뛰어든 그의 고집과 패기를 뚜렷이 볼 수 있다. 아직 경험이 짧기에 와인을 잘 알지 못하여 의욕만으로 덤비는 '건방진 녀석'으로 취급받을 뿐이다.

'엘 레시오El Recio'는 족히 오십이 넘은 중장년의 얼굴이다. 눈가와 입가에 잡힌 굵은 주름은 거친 노동으로 단련된 인생의 흔적을 보여준다. 그러나 도시의 경쟁과 돈이 주는 스트레스에 찌든 주름이 아니다. 무엇이든 포용할 듯한 인자하고 푸근한 인상으로 완성된 주름이다. 그는 '강인한 남자'라는 의미를 가지고 있다. 옆집 아저씨 같은 푸근함이 있지만 묵묵히 본인의 일에 최선을 다하며 가족의 생계를 책임지는 가장의 뚝심과 비장함을 숨길 수는 없다. 인생의 반환점을 돌며 자연의 순리를 체득해 가는 여유와 힘이 부러울 수밖에 없다.

'엘 비에호El Viejo'는 그냥 '노인'이다. 다소 게슴츠레한 눈과 흘러내리는 듯한 살과 주름은 왠

지 모를 측은함과 연민을 느끼게 한다. 그러나 단순한 노인네라고 생각하는 순간 사진을 뚫고 나와 다시 일터로 묵묵히 걸어 나갈 것 같은 단단함이 보인다. 계속 일상을 살아 낼 것이며, 어제도 그랬듯이 오늘도 수확의 기쁨을 맛보며 내일을 위해 몸과 마음을 쉬지 않을 그의 우직함이 느껴진다. 그래! 자신의 일생을 땅을 밟으며 자연과 함께 평생 살아 왔다는 것은 이미 그의 몸과 영혼이 자연의 일부가 되었다는 것을 의미할 것이다. 그는 이미 죽음조차 두려워하지 않는 자연의 완성작이다.

청년에서 중년으로 그리고 노년으로 세월의 흐름은 누구도 막지 못한다. 젊음은 서투르고 무모하지만 그들만의 열정과 패기가 있다. 장년은 노련미와 성숙미를 가지며 나아갈 때와 인내할 때를 안다. 노

년은 체력적 한계가 있을 수밖에 없다. 하지만 삶의 지혜와 내공은 주름의 패임만큼 깊이가 있다.

사진의 좌측 하단에는 '기다림'이라는 뜻의 일본어 'MATSU'가 적혀 있다. 그들은 모두 무엇을 기다린다는 말인가? 그들이 농부라면 가뭄이 들 때는 비를 기다렸을 것이고, 씨를 뿌렸다면 씨가 싹을 틔우고 꽃을 피우고 열매 맺는 것을 기다렸을 것이며, 와인을 생산한다면 포도를 재배하고 수확해서 오크통에서 숙성되는 시간을 기다렸을 것이다. 끊임없는 기다림의 시간을 거치며 마침내 빛나는 와인으로 빚어낸 농부들에게 바치는 헌사, 그것이 바로 'MATSU'다.

보데가 마츠Bodega Matsu 와이너리는 스페인의 카스티야 이 레온 Castilla y León에 있는 토로Toro 지역에 위치한 와인 명가다. 화학 제초제, 살충제 등을 사용하지 않는 자연 농법에 따라 포도를 재배하여 자연 친화적 유기농 와인을 생산한다. 마츠 시리즈는 스페인 대표 품종 템프라니요Tempranillo로 와인을 만든다.

토로 지역은 해충인 필록세라Phylloxera의 영향을 받지 않아 수령이 100년 넘는 고목이 많으며 3종의 마츠 와인도 모두 그런 고목에서 수확한 포도로 만들어진다. '건방진 녀석'을 의미하는 엘 피카로는 90년 정도 된 고목에서 수확한 포도로 와인을 만든다. '강인한 남자'를 의미하는 엘 레시오는 90~100년 된 고목에서 수확한 포도를 와인을 만들고 14개월간 2회 사용한 프랑스·동유럽 오크 배럴에서 숙성시킨다. '노인'을 의미하는 엘 비에호는 100년 이상 된 고목에서 수확한 포도로 와인을 만들고 16개월간 새 프랑스 오크 배럴에서 숙성시켜, 노인의 삶의 경험을 담은 다채롭고 풍부한 향과 맛이 일품이다.

참고로, 마츠 와인의 레이블은 벨라 아들러Bèla Adler와 살바도르 프레스네다Salvador Fresneda라는 스페인 유명 사진작가들이 포도 농장에서 실제로 일하는 인부들을 찍은 것이다. '마츠Matsu'라는 이름은 일본어로 기다림을 의미한다. 포도밭 작업을 위해 노력과

희생을 한 와인 재배자들에게 경의를 표하기 위해 이름 지어졌다
고 한다.

♦ 기술 발전이 가져온 현대 사회의 속도감은 멀미가 날 지경이다. 한 발
떨어져 인생을 관망할 수 있는 여유와 느긋함이 더 절실해지는 요즘이
다. 이 와인과 함께하며 잠깐이라도 슬로 라이프(slow life)의 의미를 되
새겨 보는 시간을 가졌으면 하는 마음에서 추천한다.

마츠	
생산지	스페인, 카스티야 이 레온Castilla y Leon, 토로Toro
와인 타입	드라이, 풀 바디 와인
품종	템프라니요 100%
가격	2~5만 원대

레어
Rare
여왕의 와인

루이 하이직 ————

여왕에게 걸맞는 화려하고 강렬한 샴페인을 만들고 싶다. 코를 찌르는 화려한 꽃향기와 과실의 아로마, 거기에 미네랄 향까지 풍기고, 한 모금 마셨을 때는 입안에서 무수한 기포가 폭죽처럼 터져 나오고, 피니시는 달빛이 바다에 부서져 끝없이 반짝이는 것처럼 긴 여운을 뱃속 깊숙이 느끼게 해 주고 싶다.

여왕의 화려함은 비단 그녀의 외모를 말하는 것이 아니다. 오히려 외모는 매부리코에 짧은 턱, 그리고 삐뚤어진 치아와 예쁘지 않은 입술로 박색에 가깝다. 그러나 그녀의 고급스러운 기품과 호감 가는 목소리, 사람을 빨려 들어가게 하는 화술과 매력적인 자태는 외모마저 아름답게 보이게 할 정도다. 특히 그녀의 예술적 안목과 패션 감각은

마리 앙투아네트

경이롭기까지 하다. 아마도 모든 귀부인의 부러움을 살 만큼 가장 섹시하고 큰 가슴을 가지고 있는 것이 패션을 한층 돋보이게 했을 것이다. 단언컨대 그녀는 프랑스 사교계를 사로잡은 이 시대 유행의 아이콘이자 모두의 워너비wannabe 다.

  그런 그녀에게 어울리기 위해서는 맛과 향 그리고 와인병의 디자인과 레이블, 어느 것 하나도 평범해서는 안 된다.

1789년 프랑스 혁명을 얘기할 때 늘 빠지지 않는 인물이 마리 앙투아네트Marie Antoinette[*] 왕비다. 그 당시 유럽 전역 귀족 여성의 스타일을 완성시켰다는 말이 있을 정도로 패션과 예술 전반에 대단한 열정을 가지고 있었다. 다만 사치스럽고 방탕한 생활로 프랑스 국민의 공분을 사기도 했으며 그로 인해 프랑스 혁명 당시 반역죄로 몰려 단두대의 이슬로 사라졌다.

샴페인 하우스의 설립자 루이 하이직Louis Heidsieck이 마리 앙투아네트 왕비를 만난 후 그녀를 위해 만든 샴페인이 바로 파이퍼 하이직 레어Piper-Heidsieck Rare 샴페인이다. 레어는 이렇듯 화려한 여왕에게 걸맞는 최고급 샴페인을 만들고 싶다는 목표로 만들어진 와인이다. 당연히 그 맛과 향이 얼마나 화려할지 미루어 짐작된다. 프랑스의 유명 보석 아틀리에Atelier인 아르튀스 베르트랑Arthus Bertrand이 '승리의 포도나무'를 콘셉트로 디자인한 황금색의 티아라 레이블이 이 샴페인의 화려함을 더욱 돋보이게 한다.

레어Rare에는 '출세하여 고향에 돌아오다'라는 뜻이 있다. 물론 '드문', '희귀한'이라는 사전적인 뜻도 포함한다. 그래서인지 레어

[*] 1755. 11. 2. ~ 1793. 10. 16. 신성로마제국 황제 프란츠 1세(Franz I)와 오스트리아 제국 여제 마리아 테레지아(Maria Theresia) 사이에서 태어난 막내딸로 프랑스 왕 루이 16세(Louis XVI)의 왕비다. 프랑스 혁명 후, 국고를 낭비하고 반혁명을 시도하였다는 죄명으로 처형되었다.

루이 하이직

는 매년 빈티지 샴페인을 내놓지 않는다. 1976년 빈티지를 선보인 후 58년 동안 단 13개 빈티지만을 빈티지 샴페인으로 선정한 희귀한 샴페인이다. 또한 세계적인 와인 전문지 〈와인 리뷰Wine Review〉에서 1999년 빈티지가 100점 만점을 받았으며 인터내셔널 와인 챌린지에서 '왕중왕 2017'을 수상했고 '샴페인 & 스파클링 와인 월드 챔피언십 2018'에서도 금메달을 움켜쥐는 등 전 세계에서 샴페인의 왕이 되어 고향인 샹파뉴로 돌아왔다.

샴페인 하우스인 파이퍼 하이직Piper-Heidsieck[**] 역시 붉은 레이블만

[**] 1785년 독일 출신의 플로렌스 루이 하이직(Florens-Louis Heidsieck)에 의해 설립되었다. 그 후 하이직의 조카가 사업을 이어 받았으나 1835년 조카가 사망하면서 그의 아내가 물려받았다. 혼자 된 그녀가 앙리-기욤 파이퍼(Henri-Guillaume Piper)와 재혼 후 사업을 이어가면서 둘의 이름을 따 파이퍼 하이직(Piper-Heidsieck)이 탄생하게 되었다.

매릴린 먼로

큼이나 화려한 조명을 받으며 유명인과 유명 장소에서 빛을 발했
다. 1950년에는 매릴린 먼로 와인으로 큰 명성을 얻었다. 그녀는
"샤넬 NO.5로 잠이 들고 파이퍼 하이직 한잔에 잠에서 깬다."라
는 유명한 멘트를 남겼다. 1993년부터는 칸 영화제를 비롯한 많
은 국제 영화제의 공식 샴페인으로 후원하며, 레드 카펫에 어울리
는 화려한 와인으로 다시 주목받게 되었다.

화려한 여성, 더 나아가 자극적이고 강렬한 여인과 관계가 깊은
파이퍼 하이직에서 가장 고가의 샴페인이 바로 레어다. 중저가의
샴페인에서 경험하기 쉽지 않은 강한 탄산의 복합적인 향, 그리고
긴 피니시는 고가의 샴페인이 주는 매력을 100% 보여 준다.

◆ 한 번 태어나 한 번 사는 인생, 큰 굴곡 없이 평탄하게 살아 온 삶이 더 의미 있고 값어치 있다고 말할 수 있을까? 누군가는 순간적으로 타고 사그러지는 폭죽의 화려한 불꽃 같은 삶을 동경할 것이다. 자신의 삶을 뜨겁게 불태우고 싶은 강렬한 열정으로 충만한 분들께, 그리하여 오늘도 쉼 없이 좌충우돌하며 도전하는 분들께 이 와인을 추천하고 싶다.

레어

생산지	프랑스, 샹파뉴Champagne
등급	Champagne AOC
와인 타입	브뤼 와인
품종	샤르도네 70% 피노 누아 30%(2008년 빈티지)
가격	30만 원대

샤토 몽페라
Château Mont-Pérat
신의 물방울

어느 웹툰 작가 지망생 ————

　내가 만화가의 꿈을 꾸고, 특히 와인 만화를 그리기로 마음먹는 계기가 되어 준 만화책이 있다. 한국에서는 2007년에 초판이 발행되어 베스트셀러 반열에 오른 만화책이며, 와인의 향과 맛에 온갖 예술적 상상력과 표현력을 동원해 와인을 신의 음료 반열에 올려놓은 책이다. 와인의 고급스러운 이미지를 감안하더라도, 그 당시 컬러판의 경우 권당 7,500원의 엄청난 고가에 팔린 만화책이기도 하다. 와인에 조금이라도 관심을 가져 본 사람이라면 당연히 알고 있을 그 책은 바로《신의 물방울》이라는 일본 만화다.

　《신의 물방울》은 12사도라 불리는 12가지 와인을 찾아가는 과정을 그린 총 44권의 시리즈물로 수백 종의 와인이 등장한다. 전 세계적으로 1천만 권 이상 팔린 초대박 베스트셀러지만, 주위에는 호기심에 1권만 사서 읽은 사람도 꽤 많다. 그렇다면 가장 큰 수혜를 본 와인은 당연히 1권에 등장한 와인일 것이다. 그 대표적인 와인이 '샤토 몽페라Château Mont-Pérat'다.

와인 붐을 일으킨 〈신의 물방울〉

주인공인 칸자키 시즈쿠가 샤토 몽페라 2001년산을 마신 후, 전설적인 록 밴드 '퀸Queen'의 '보헤미안 랩소디Bohemian Rhapsody'를 떠올리는 장면은 한동안 머릿속에서 잊히지 않을 만큼 인상적이고 강렬했다. 그래서 한때는 샤토 몽페라를 마시면 어딘가 이 노래가 들려온다는 '환청 와인'으로도 유명세를 탔다.

이 모든 일이 한 만화가의 상상력에서 비롯되었다는 점에서 놀랍고 존경스럽기까지 하다. 그만큼 스토리가 탄탄하고 캐릭터가 살아 움직이며 남들이 생각하지 못하는 엄청난 상상력이 고루 녹아 있는 만화이기 때문일 것이다. 하루 빨리 내 만화책을 읽은 독자들도 즐거운 상상의 나래를 펼 수 있는 날이 오길 꿈꾼다.

1998년 샤토 몽페라를 인수한 티보 데스파뉴Thibault Despagne는 세계적인 와인 컨설턴트 미셸 롤랑Michel Rolland과의 협업을 통해 전통적인 생산 방식에 현대적인 맛과 풍미를 가미하는 방식으로 와인을 생산하고 있다. 즉, 손으로 포도를 수확하는 옛 방식을 고집하되, 포도나무 한 그루당 수확량을 6~8송이 정도로 제한하여 와인을 생산한다. 또한 메를로, 카베르네 소비뇽, 카베르네 프랑을 블렌딩하며 프랑스산 오크통에서 7개월간 숙성시킨다.

간혹 가죽 향과 흙냄새가 날 때가 있지만 조금 더 시간이 지나면 체리같이 묵직한 향이 난다. 첫 모금 역시 떫고 산미가 도드라지게 느껴지지만, 이 역시 일정 시간이 지나면 어느 정도 균형이 잡힌 부드러움과 섬세함으로 다가온다.

《신의 물방울》작가인 아기 타다시Agi Tadashi는 어느 인터뷰에서 다음과 같이 샤토 몽페라를 적극 추천하기도 했다. "프랑스의 와인 평가지에서 3년 연속 상을 받고, 독일 와인 전문지에서 샤토 마고Château Margaux를 제치고 1위 수상을 했으며, 작은 와이너리임에도 불구하고 가격도 저렴하다."

이 책에 샤토 몽페라가 소개되기 전에는 마트에서 2만 원대에 팔렸고, 한때는 밭떼기로 물량을 확보해서 1만 8천 원에 팔린 적도 있었다. 그러나 이 책이 한국에서 공전의 히트를 치고 와인 붐이

일면서 4만 원대로 가격이 치솟았다. 그러나 지금은 다시 2만 원
대 후반이면 구입이 가능해졌다.

♦ 2018년 국내에서 개봉한 영화 〈보헤미안 랩소디〉가 1천만 명 가까운
  관객을 동원하며 음악 영화 중에서 최고 기록을 경신하는 이례적인 흥
  행 성과를 거두었다. '퀸'의 보컬 프레디 머큐리(Freddie Mercury)는 45
  년의 짧은 생을 살았지만 그의 인생은 찬란했고, 사망(1991년)한 지 25
  년이 넘었지만 그의 노래는 여전히 세련되고 깊은 울림이 있었기 때문
  일 것이다. 어느 날 문득 퀸의 노래에 푹 빠져 보고 싶다면, 꼭 이 와인
  과 함께하길 추천하고 싶다.

샤토 몽페라

생산지	프랑스, 보르도
등급	Bourdeaux AOC
와인 타입	드라이, 미디엄 바디 와인
품종	메를로 75%, 카베르네 소비뇽 15%, 카베르네 프랑 10%(2020년 빈티지)
가격	3만 원대

돔 페리뇽
Dom Pérignon
샴페인의 시작

페리뇽 수도사 ────────

1668년 5월 7일

오빌리에 수도원Abbaye d'Hautvillers 수도사로 임명되었다. 이 지역에서 몇 번의 전쟁이 있었다. 이 수도원도 많이 훼손된 상태에서 아직 보수를 마무리 짓지 못했다. 재정 담당 수도사로 온 나는 성당을 재건하는 데 필요한 재정을 마련하는 중책을 맡았다. 잘해 봐야지!

1669년 3월 4일

책을 만들고 미사주인 와인을 만들어 재원을 마련하고 있는데 요즘 큰 문제가 생겼다. 봄이 되어 겨우내 와인을 보관했던 지하 창고에 들어가 보고 화들짝 놀라고 말았다. 와인병이 깨지거나 코르크 마개가 저절로 열려 원액이 넘쳐 나온 병들이 부지기수였다. 이 수도원에 오랫동안 계셨던 수도사 분들께 물어보니 샹파뉴 지방에서는 흔하게 있는 일이고, 어쩔 수 없다는 대답만 돌아왔다. 재정을 마련하는데 큰 차질이 빚어졌다. 어떻게든 해결하고 싶다.

페리뇽 수도사의 동상

1670년 2월 15일

올해도 방법을 찾지 못했다. 그러나 나는 아직 그 맛을 잊을 수 없다. 처음 탄산이 있는 와인을 마셨을 때 너무 놀라서 "형제님, 빨리 와 보세요. 저는 지금 은하수를 마시고 있어요!"라며 감탄을 금치 못했다. 별과 같이 아름다운 맛과 느낌을 지금도 잊을 수 없다. 오히려 하느님이 주신 기회일 수 있겠다는 생각이 들었다. 기포를 머금은 와인을 만들어야겠다. 그전에 먼저 기포가 왜 생기는지부터 알아야겠다.

1671년 2월 5일

이런 현상이 일어나는 이유를 발견했다. 겨울에서 봄으로 바뀔 때 혹은 급격한 온도의 변화가 생길 때만 일어나는 현상이었다. 즉, 온도의 변화가 병 속의 효모를 과대 증식하게 만들고, 2차 내부 발효하면서 기포 및 탄산가스를 만들어 낸다는 사실을 발견한 것이다. 이제는 탄산으로 인해 생기는 문제들을 해결하면 된다. 방법을 찾기 위해 여러 가지 실험을 하고 있다.

1672년 3월 6일

드디어 해결했다. 결국 원초적인 방법으로 접근하면 되는 것이었다. 병이 깨지는 것을 미연에 방지하기 위해 두껍고 탄탄한 와인병을 사용했고 내부 탄산가스로 마개가 밀려 나가지 않게끔 철사로 잘 둘러싸 막았다. 그랬더니 기후의 큰 변화에도 병이 깨지거나 마개가 저절로 열리지 않게 되었다. 이 모든 것은 하느님의 도움이다.

1710년 7월 15일

하느님은 모든 것을 다 주시지는 않지만 하나를 덜 주시면 하나를 더 주신다는 사실을 알고 있다. 나에게 좋은 머리를 주지는 않으셨지만, 무엇을 하든 최선을 다하는 성실함과 열정을 주셨다. 또한 시력이 안 좋아 일상생활에 지장을 받을 때도 있지만, 미각에 대한 탁월한 감각을 주셨다. 그 덕에 기포가 있는 특별하고 맛있는 와인을 만들 수 있게 되었다. 다행히 파리의 귀족과 왕족들 사이에 좋은 평가를 받아, 재원을 마련하는 데 큰 도움을 받고 있다. 내 일생을 바쳐 와인 생산에 바쳤던 땀과 노력이 헛되지 않았다.

30세의 젊은 나이에 오빌리에 수도원에 임명된 피에르 페리뇽 Pierre Pérignon* 수도사는 프랑스 샹파뉴 지방의 고질적인 문제를 해결함과 동시에 좋은 품질의 와인을 생산하는 데 큰 기여를 했다. 1668년부터 1715년 사망 전까지 47년 동안 수도원에 기여한 업적을 인정받아 훗날 '돔 페리뇽Dom Pérignon'이라고 불리게 된다. '돔'은 성직자의 최고 등급인 '도미누스Dominus'를 줄인 호칭이다.

그는 흔히 샴페인의 발명자로 알려져 있지만, 이것이 후대에 만들어진 신화라는 말도 있다. 왜냐하면 샴페인이라고 하기에는 탄산이 있긴 했으나 거품이 아주 미약했기 때문이다. 지금과 같은 샴페인이 탄생하기까지는 두 번의 결정적 사건이 있었다. 첫째, 1760년 영국의 산업 혁명이 시작된 이후 고열 용융법으로 병을 제조하면서 병의 강도가 높아져 병이 깨지는 것을 막았다. 둘째, 1844년 코르크 위에 씌우는 쇠철망인 머즐muzzle을

머즐

---

* 1638~1715. 프랑스의 베네딕트회 수도사로 샹파뉴 지역의 와인 생산과 품질에 큰 공헌을 했다. 흔히 샴페인을 발명했다고 알려져 있다.

아돌프 자크송Adolphe Jacquesson이 발명하면서 지금의 샴페인의
모습을 갖추게 되었다.

어쨌든 그의 이름을 딴 '돔 페리뇽 샴페인'은 고급 샴페인의 대
표적인 브랜드로 지금까지 사랑받고 있다. 처음에는 메르시에
Mercier 샴페인이 소유했으나 1927년 모엣 가문과 사돈을 맺고 무
상으로 양도하여 모엣 샹동Moët & Chandon의 대표 브랜드가 되었
다. 돔 페리뇽은 빈티지Vintage 와인만 생산되며 포도 품질이 좋지
않은 해는 샴페인을 생산하지 않는다. 최소 7년 이상 숙성시키
며, 특별한 빈티지는 더 오래 숙성하기도 한다. 캐비어, 트러플
요리, 푸아그라 등 고급 요리와 페어링이 좋으며 신선한 과일 향

으로 시작해 시간이 지나면서 견과류, 허브 향 등의 복잡미를 느낄 수 있다.

♦ 와인을 잘 모르는 사람도 돔 페리뇽이라는 이름은 들어 봤을 정도로 인지도가 높다. 또한 럭셔리와 품격을 상징하는 대표적인 샴페인 브랜드이기도 하다. 따라서 중요한 비즈니스 모임이나 VIP 고객을 접대할 일이 있을 때 함께하길 추천하고 싶다.

돔 페리뇽

생산지	프랑스, 샹파뉴Champagne
등급	Champagne AOC
와인 타입	브뤼 와인
품종	샤르도네 50%, 피노 누아 50%(2013년 빈티지)
가격	30만 원대

페렐라다 파비올라
Perelada, Fabiola
세기의 사랑

보두앵 국왕 ────

아버지는 벨기에 국왕인 레오폴 3세Leopold III였다. 제2차 세계대전을 겪으며 아버지는 어떤 선택들로 여론의 뭇매를 맞으며 퇴위되었다. 그래서 나는 21살이라는 어린 나이에 국왕 자리를 물려받았다. 남들은 왕자로 태어나 국왕이 된 나를 부러워할 수도 있다. 그러나 5살 때 어머니가 자동차 사고로 돌아가시고 의지할 곳 없는 궁궐에서 외롭게 자랐다. 그리고 이제는 아버지도 떠나고 나는 떠밀리듯 국왕이 되었다.

얼떨결에 국왕이 되어 정무를 익히고 주변의 유럽 나라들과 외교 관계를 돈독히 하느라 개인적인 일에 신경 쓸 겨를이 없었다. 그렇게 바쁘게 지내다 보니 어느덧 국왕에 즉위한 지도 벌써 10년이 되었다. 이번에는 외교적인 일로 스페인을 방문하게 되었다. 그런데 갑작스러운 복통으로 마드리드 병원에서 치료를 받게 되었고, 그곳에서 운명처럼 그녀를 보게 되었다.

보두앵 국왕과 파비올라 왕비

첫눈에 반한다는 것이 이런 것일까? 그 전에 느끼지 못했던 사랑이라는 감정을 느끼게 되었다. 환자들을 자신의 몸처럼 돌보는 그녀의 섬세함과 힘든 일에도 결코 잃지 않는 미소까지……. 무엇보다 그녀의 미모에 넋을 놓고 말았다. 그 때부터 나의 구애가 시작되었다.

파비올라 _____

마드리드 한 병원에서 간호사로 일하고 있습니다. 엄마와 단둘이 살고 있는 나는 간호사로 일하며 하루하루 살아가는 것이 벅찰 정도예요. 30살이 다 되어서까지 아직 연애다운 연애조차 하지 못했어요. 물론 나를 쫓아다니는 남자들이 꽤 있었습니다. 그러나 한가롭게 연애를 할 상황이 아니었죠. 언제나처럼 환자들에게 최선을 다하고 나면 집에 가서 엄마와 얘기를 나누는 것이 나의 가장 큰 휴식이자 즐거움이었습니다.

그러던 어느 날 외국의 국빈이 복통으로 우리 병원에 입원했습니다. 나는 그를 돌보는 여러 간호사 중의 한 명이었는데 내게 유난히 말을 많이 걸고 실없는 농담을 하곤 했어요. 나는 그의 남다른 관심이 부담스러웠습니다. 그러나 우려가 현실이 되었고 사랑 고백과 함께 그때부터 그의 구애가 시작되었어요.

그러나 나는 그의 구애가 의심스러웠어요. 그 나라(벨기에) 동전에 얼굴이 각인될 정도로 인기 많은 벨기에 왕자였고 지금은 한 나라의 국왕인 그가 뭐가 아쉬워서 나 같은 일반인과 결혼을 하려고 할까, 혹시 그냥 스쳐 지나가는 여자 정도로 나를 본 것이 아닐까 하는 자격지심도 있었어요. 그의 나이는 심지어 나보다 한 살 어렸습니다. 내가 스페인 공주도 아니고 그냥 평범한 간호사에 불과한 나를 왜 사랑하는 걸까요? 나는 두려웠어요. 그 나라에서 나를 얼마나 반대할까요? 왕족 출신도 아니고 왕자보다 나이가 많은 평민 출신의 간호사인 나를……

벨기에 보두앵Baudouin 국왕의 끈질긴 구애로 결국 파비올라 Fabiola de Mora y Aragón*는 마음의 문을 열고 1960년 12월 15일 비밀스러운 약혼을 먼저 했다. 여론을 우호적으로 돌리고 국경을 초월한 세기의 결혼식을 준비할 시간을 벌기 위해서였다. 그리고 딱 1년 뒤인 1961년 12월 15일 결혼식을 올렸다. 그때 로열 웨딩 와인으로 선정된 와인이 페렐라다 파비올라Perelada Fabiola 와인이다. 레이블에는 그 의미를 담기 위해 벨기에 국기와 스페인 국기를 그려 넣었다. 둘은 다섯 번의 유산으로 자녀를 갖지는 못했지만 남편인 보두앵이 1993년 사망하는 날까지 30년 이상을 금슬 좋게 지냈다고 한다.

페렐라다 와이너리는 스페인 북동부 엠포르다Empordà 지역에 위치해 있으며 지중해의 영향을 받아 포도 재배에 가장 이상적인 기온(평균 16도)과 강수량(연 700mm)을 자랑한다. '전통과 문화 예술'이라는 모토 아래 탄생된 와이너리답게 페렐라다 고성은 8만 권에 달하는 서적을 보유한 스페인 최대의 개인 도서관이자 해마다 여름이면 유명 뮤지션들을 초청하여 다양한 예술 전시 및 공연

---

* 1928~2014. 스페인 마드리드 아라곤과 카스티야 지방의 귀족 가문에서 태어났으며 예술과 문학에 조예가 깊어 동화책을 집필하기도 했다. 1960년 벨기에의 보두앵 1세 국왕과 결혼해서 1993년까지 왕비로 지냈다.

페렐라다 고성

을 하는 문화 공간이기도 하다.

페렐라다 파비올라 와인은 수작업으로 수확한 포도를 약 25도에서 발효한 다음 장기간의 침용 과정을 거쳐 양조한다. 이후 19개월 동안 오크통에서 숙성시킨 후 2차로 병입 숙성 과정을 거쳐 출시된다. 빈티지마다 블렌딩 종류와 비율이 다르며 카베르네 소비뇽, 메를로, 시라즈, 가르나차, 모나스트렐, 생소 등 다양한 품종을 블렌딩해서 만든다. 또한 스페인의 자랑인 천재적인 예술가 살바도르 달리Salvador Dalí가 사랑했다고 알려진 와인이기도 하다.

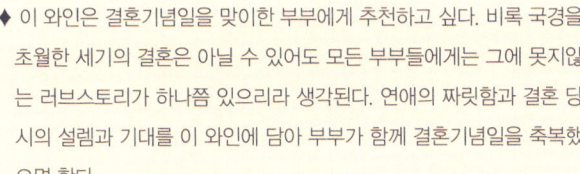

◆ 이 와인은 결혼기념일을 맞이한 부부에게 추천하고 싶다. 비록 국경을 초월한 세기의 결혼은 아닐 수 있어도 모든 부부들에게는 그에 못지않는 러브스토리가 하나쯤 있으리라 생각된다. 연애의 짜릿함과 결혼 당시의 설렘과 기대를 이 와인에 담아 부부가 함께 결혼기념일을 축복했으면 한다.

페렐라다 파비올라

생산지	스페인, 엠포르다Emporda
등급	D.O.Denominación de Origen
와인 타입	드라이, 풀 바디 와인
품종	가르나차 52%, 시라 39%, 모나스트렐 5%, 생소 4%(2015년 빈티지)
가격	4만 원대

클로 뒤 발
Clos du Val
대통령 만찬 와인

어느 대통령 취임식 준비위원 ————

노무현 대통령의 취임식 준비위원으로서 취임식 만찬을 준비하던 중, 나는 한 가지 깊은 고민에 빠졌다. 이미 음식은 머릿속으로 구상을 마쳤으나 취임식 만찬 와인으로 어떤 와인을 선정하는 게 좋을지 감도 오지 않았다.

어떤 와인을 선정해야 할까? 특별한 의미를 담고 있어야 한다. 너무 비싸서 국민들과의 거리감을 조장해서는 안 된다. 그렇다고 맛이 형편없거나 가격이 무작정 저렴해서도 안 된다. 대통령 취임식에 사용되는 만큼 격조에 맞는 와인이어야 한다. 또한 와인 자체에 대통령 취임을 축하하는 의미를 담아야 하고 향과 맛에 있어 인정을 받는 1등 와인이어야 한다. 기왕이면 대중들에게 인지도 있는, 흔한 말로 인기 있는 와인이면 좋겠다. 이런저런 조건들이 추가될수록 더 어려워진다. 일단 몇 가지 필수 조건으로 후보를 압축하기로 했다.

첫째, 가격이다. 일반 국민들도 특별한 날에는 10만 원 전후의 와인을 마시는 경우가 많다. 그렇다면 가격은 그 정도 수준에서 골라야 한다. 기왕이면 10만 원을 넘지 않는다면 더 좋을 것 같다. 둘째, 대한민국 1등에게 어울리는 1등 와인이어야 한다. 즉 와인평가 대회에서 1등을 차지한 와인이라면 좋겠다. 셋째, 와인 레이블 혹은 이름에 취임을 축하하는 의미를 담고 있다면 더할 나위 없이 좋을 것 같다. 넷째, 대통령의 출신과 성장 배경이 기득권층이 아닌 서민층이라는 점에서 구대륙 와인이 아닌 신대륙 와인이면 더 좋겠다는 생각이 들었다.

여러 명의 일류 소믈리에sommelier에게 추천을 받고 와인 고수들에게도 추천을 받았지만 쉽게 결정을 내리지 못하고 있었다. 먼저 집에 있는 와인 셀러에서 와인들을 하나씩 꺼내 보았다. 그중 어머니가 나에게 선물한 와인을 꺼내서 레이블을 유심히 살펴보았다. 갑자기 레이블의 의미가 궁금해졌다. 마치 세 명이 무언가를 떠받치는 듯한 모습은 마치 입법부 · 사법부 · 행정부의 삼권분립을 의미하는 것처럼 보였다. 이 와인의 역사 등을 좀 더 공부하다 '유레카!' 하며 내 무릎을 쳤다. 바로 너다. 등잔 밑이 어둡다고, 바로 너였구나. 노무현 대통령의 취임식 만찬 와인으로 최종 선정할 와인은 바로 클로 뒤 발Clos Du Val이다.

클로 뒤 발 와이너리는 미국 나파 밸리Napa Valley의 스택스 립 지구 Stag's Leap District* 중심부에 위치해 있으며 설립자인 존 고엘렛John Goelet과 와인 메이커 베르나르 포르테Bernard Portet가 1972년 설립했다. 스택스 립은 미국의 첫 포도 재배 지역이기도 하며 토양의 특수성을 바탕으로 '계곡 사이 계곡'이라 불리기도 한다. 이곳에 위치한 와이너리인 클로 뒤 발은 프랑스어로 '작은 계곡의 포도밭'이라는 의미를 가지고 있다.

레이블에 그려진 세 명의 여자는 그리스 신화에 등장하는 삼미신三美神(가장 아름다운 3명의 신)이다. 삼미신은 아글라이아Aglaea(빛남), 에우프로슈네Euphrosyne(기쁨), 탈리아Thalia(풍요)로 제우스Zeus와 에우리노메Eurynome로부터 태어난 세 자매이다.

클로 뒤 발 와인이 전 세계적인 명성을 얻게 된 계기는 일명 '파리의 심판Judgment of Paris' 덕분이다. 1976년 영국인 와인 평론가인 스티븐 스퍼리어Steven Spurrier가 와인에 조예가 깊은 저명한 와인 평론가, 기자, 와인 생산자 등 총 10명의 프랑스인을 초대해서 미국 와인과 프랑스 와인을 블라인드 테스팅Blind Tasting으로 시음한

---

* 미국 캘리포니아 나파 밸리의 유명한 와인 산지 중 하나로, 특히 고급 와인 생산지로 알려져 있다. 카베르네 소비뇽 품종이 잘 자라는 조건을 갖추고 있으며 이 지역의 와인은 우아함과 구조감이 뛰어나다는 평을 받는다고 한다.

뒤 향과 맛이 뛰어난 와인의 성적을 매기게 한 일종의 와인 품평회를 열었다. 첫 대회인 만큼 그 당시 와인의 주류였던 프랑스 와인이 압승할 거라 모두들 예상했다. 그러나 그 예상을 보기 좋게 깨고 미국 와인(스택스 립)이 1등을 차지했다. 이 대회가 바로 그 유명한 파리의 심판이다. 그로부터 10년 뒤인 1986년 재대결이라 할 수 있는 2회 대회를 열게 된다. 이때에 우승한 와인이 바로 클로 뒤 발 카베르네 소비뇽이다.

◆ 클로 뒤 발은 '대통령 와인'이라는 애칭을 가지고 있다. 한 나라의 대통령이 미치는 영향력과 파급 효과가 어느 정도인지를 뼈저리게 느끼는 요즘이다. 국민을 먼저 생각하고 국가 발전에 헌신할 수 있는 대통령이 하루 빨리 등장하길 기원하며 이 와인과 함께하길 추천하고 싶다.

클로 뒤 발

생산지	미국, 캘리포니아California, 나파 밸리Napa Valley
등급	Napa Valley AVA
와인 타입	드라이, 풀 바디 와인
품종	다양한 품종 와인 생산
가격	10만 원대 초반

더 프리즈너
The Prisoner
프란시스코 고야

프란시스코 고야 ─────

어릴 때부터 천재라고 불렸다. 마드리드에서 전문적인 예술 교육을 받은 후 초상화 실력을 인정받아 카를로스 3세의 초상화를 그렸다. 그 후로 나는 여러 왕가의 초상화를 그렸고 카를로스 4세가 즉위한 후에는 궁정 화가로 임명되었다. 화가로서의 성공은 나에게 엄청난 부와 사회적 지위를 가져다주었다.

이때만 해도 나의 인생이 이렇게 비단길만 있는 줄 알았다. 성공한 지금의 삶이 영원할 것이라 생각했다. 그러나 인생은 한 치 앞도 내다볼 수 없다. 아니 어쩌면 인생은 비극인지 모르겠다. 결국 죽음이라는 비극을 피할 수 없고 그 비극을 향해 가는 길에 또 다른 비극들이 도사리고 있을 뿐이다. 그런데 왜 하필 그때이던가? 왜 하필 나에게만 이런 잔혹한 일들이 일어난단 말인가?

프란시시코 고야

내 인생을 송두리째 바꾼 결정적 사건들이 연달아 일어났다. 내 나이 46세 되던 해에 질병에 걸려 귀머거리가 되었다. 아무것도 들을 수 없게 되었다. 들을 수 없다는 것은 군주나 왕족들의 초상화를 그리는 데 큰 제약이 되었다. 더 끔찍한 일은 몇 해가 지나 나폴레옹이 스페인을 침공했을 때 전쟁으로 인한 폭행과 고문, 살인 등 잔인한 만행들을 두 눈으로 목격했다는 것이다.

일련의 비참한 경험들로 인해 나는 인간의 불행, 잔혹함 그리고 전쟁의 광기에 집착하기 시작했다. 나의 이런 집착이 내 마음을 불안과 절망, 고통으로 가득하게 했다. 들을 수 없는 나는 더욱더 내 마음의 소리에 귀 기울이게 되었다. 그리고 그 마음의 불순물을 캠퍼스에 배설하듯 쏟아내기 시작했다. 〈전쟁의 참화Los desastres de Guerra〉 시리즈*는 인간의 절망과 전쟁의 잔혹함을 표현하기 위한 나의 고통의 창작물이다.

---

* 프란시스코 고야가 제작한 82점의 판화 연작이다. 1808~1814년 일어난 스페인 독립전쟁을 취재하며 직접 목격한 전쟁의 참상과 죄 없이 고통 받거나 학살당한 민중의 모습을 사실적으로 표현해냈다.

스페인의 위대한 화가 중 한 명인 프란시스코 고야Francisco Goya가 제작한 판화 〈전쟁의 참화〉 시리즈는 전쟁의 잔혹함과 인간의 고통을 사실적으로 표현한 작품으로 현대 예술에 큰 영향을 미쳤다. 그 판화 시리즈 중 한 작품이 와인 '더 프리즈너The Prisoner'의 레이블에 그려져 있다. 양손은 벽에 고정된 긴 사슬에 묶여 있고 다리는 쇠로 포박당해 있다. 언제 깎았는지 모를 머리카락과 수염은 덥수룩하고, 위쪽은 새빨갛고 아래쪽은 어두운 배경은 섬뜩하기까지 하다. '감금은 범죄만큼 야만적이다'라는 부제가 말해주듯 죄인의 고통이 고스란히 전해진다.

더 프리즈너 와인은 미국의 천재 와인 메이커 데이비드 피니David Phinney가 만들었다. 그는 짧은 와이너리 경험에도 불구하고 1998년 자신의 와이너리인 '오린 스위프트Orin Swift'를 설립한다. 아버지의 미들네임인 오린과 어머니의 결혼 전 성인 스위프트에서 따온 이름이다. 오린 스위프트에서 출시한 첫 와인이 바로 '더 프리즈너'이다. 첫 출시 당시부터 385박스가 모두 완판되는 진기록을 세웠고 2005년에는 와인 전문지 〈와인 스펙테이터〉가 선정하는 100대 와인 중에서 17등을 차지하고, 2009년에는 생산량이 75,000박스까지 증가하는 등 질적, 양적으로 비약적인 성장을 거듭했다.

그 당시 나파 밸리에서는 카베르네 소비뇽을 주요 품종으로 와인을 생산했다. 그러나 더 프리즈너는 다소 생소할 수 있는 진판델, 프티 시라, 시라를 비롯해서 카베르네 소비뇽 등 다양한 품종을 블렌딩해서 와인을 만들었다. 레이블의 강렬함에 비해서는 다소 부드러운 와인이라는 평이 지배적이다.

♦ 2022년 한 해 동안 미술관, 화랑, 아트페어 등에서 11,301회의 미술 전시회가 열렸다고 한다. 음악회만큼은 아니지만 미술 작품을 접할 기회가 적지 않은 편이다. 굳이 프란시스코 고야의 작품이 아니어도 괜찮다. 혹은 갤러리 등에서 미술 작품을 감상하거나 전문적인 지식으로 미술에 대해 논하지 않아도 된다. 그냥 소소하게 미술 작품들에 대한 얘기를 나누는 자리가 있다면 이 와인과 함께하길 추천하고 싶다.

더 프리즈너

생산지	미국, 캘리포니아California, 나파 밸리Napa Valley
등급	Napa Valley AVA
와인 타입	드라이, 풀 바디 와인
품종	진판델 51%, 카베르네 소비뇽 19%, 시라 15%, 프티 시라 12%, 샤르보노 2%, 그르나슈 1%(2019년 빈티지)
가격	8만 원대

러시안 잭
Russian Jack
길 위의 신사

바렛 크루멘 ─────

"죽을 고비를 몇 번이나 넘겼다. 큰 파도에 배가 전복될 뻔했고 길을 잃어 망망대해에 표류할 뻔했다. 겨우 육지에 도착했지만 기쁨도 잠시, 낯선 곳에 대한 두려움이 앞섰다. 말도 통하지 않고 무엇을 해야 할지도 막막했는데 이곳 사람들은 너무나도 친절하고 따뜻했다. 일자리도 주고 집도 마련해 주었다. 친근하게 불러 주는 러시안 잭이라는 별명도 마음에 든다. 나에게 제2의 삶을 열어 준 이들을 위해 남은 여생을 헌신하며 살고 싶다. 감사하다."

1912년 평범하지 않은 외모의 한 사내가 배를 타고 뉴질랜드의 한 해안에 도착했다. 갑작스러운 표류에 뜻하지 않게 낯선 땅에 도착한 것이다. 사람들은 그의 발음과 억양을 듣고 그의 이름인 바렛 크

104

루멘Barrett Crumen 대신 '러시안 잭Russian Jack'이라는 별명으로 부르기 시작했다. 실제로 러시아와 국경을 맞대고 있는 라트비아 출신이었기 때문에 억양이 특이했던 것이다.

특유의 억양 때문에 사람들에게 따돌림을 당하거나 외면당할 수도 있었지만 그는 오히

러시안 잭

려 '길 위의 신사'라는 찬사를 받았다. 농번기의 바쁜 수확 철이 되면 어김없이 나타나 여러 농장의 일을 자기 일처럼 열심히 도왔다. 농한기에도 어깨에 커다란 자루를 짊어지고 마을과 농장을 돌며 자신이 할 수 있는 일을 찾아다녔다. 지저분한 밭을 정리하거나 잡초만 무성한 황무지를 개간하는 일에도 적극적이었다. 그렇게 와이라라파Wairarapa 지역의 포도원 형성기에 53년간이나 포도 수확과 관련된 농사일을 도왔다고 한다. 당연히 모든 농장에서 영웅으로 환대받으며 일생을 보냈고 사후에는 그를 추모하기 위해 뉴질랜드 매스터턴Masterton 공원에 동상까지 세워졌다.

이 와인의 레이블 뒤에는 실존 인물인 러시안 잭(1878~1968)의 선행에 대한 글과 와인에 대한 짧은 정보가 적혀 있다. "러시안 잭은 그의 어깨에 큰 자루를 짊어지고 '길 위의 신사'로 많은 사랑을 받았다. 수십 년 동안 수확 기간에 포도 수확을 도운 미스터리한 인물로 뉴질랜드의 많은 농장에서 환영을 받았다. 그를 기리기 위해 동상을 세웠고 현지인들로부터 찬사를 받았다."

뉴질랜드는 소비뇽 블랑Sauvignon Blanc 화이트 와인으로 세계적인 명성을 얻고 있다. 풍부한 일조량과 시원한 바람 등의 독특한 테루아르terroir, 혁신적인 양조 기술 그리고 뛰어난 가성비의 삼박자가 맞아 떨어졌기 때문이다. 뉴질랜드 소비뇽 블랑의 아이콘인 클라우디 베이Cloudy Bay를 필두로 빌라 마리아Villa Maria, 킴 크로포드Kim Crawford, 오이스터 베이Oyster Bay 등도 독특한 맛과 좋은 품질로 전 세계적인 사랑을 받고 있다. 그러나 그중 최고의 가성비 화이트 와인을 꼽으라면 주저 없이 '러시안 잭Russian Jack'을 고르고 싶다.

러시안 잭은 세계 최대 규모의 와인 대회인 '디캔터 세계 와인 어워드'에서 2017년 최고의 소비뇽 블랑으로 선정될 만큼 품질로도 인정받았다. 또한 2018년, 2019년 연속으로 대한민국 주류대상 신대륙 화이트 와인 부분 대상을 수상하며 국내에서도 한때

품절 대란을 겪을 만큼 큰 인기를 얻었다.
또한 하정우가 개인전 'HIT THE ROAD'에
서 선보인 미술 작품을 레이블에 사용한 에디
션 '콜 미 레이터CALL ME LATER'를 내놓기도 했
으며, BTS의 멤버인 뷔가 50병가량을 쟁여
놓고 마신다는 와인으로도 유명하다.

'콜 미 레이터' 레이블

♦ 개인주의가 심화되고 있지만 타인에 대한 배려와 관심도 강조되는 요
즘이다. 실존 인물인 '러시안 잭'의 타인에 대한 배려와 희생의 마음을
되새기며 더운 여름날 시원하게 소비뇽 블랑 한잔하기를 추천한다.

러시안 잭	
생산지	뉴질랜드, 말버러Marlborough
와인 타입	드라이 와인
품종	다양한 품종 와인 생산
가격	2만 원대 중반

보히가스 카바
Bohigas, Cava
가성비 스파클링 와인

어느 무명작가 ────

난 이름 없는 작가다. 베스트셀러 작가만이 작가는 아니다. TV에 나오는 유명한 프로야구 선수 뒤에는 초등학교, 중학교, 고등학교 시절에 아침, 저녁, 주말 없이 연습을 하지만 프로 무대를 밟지 못하는 수많은 야구 지망생이 있다. 그중에서 겨우 10%만이 프로야구 선수로 지명되고, 그들도 대부분 2군에서 조용히 사라진다. 결국 단 1%만이 스포트라이트를 받으며 명예와 부를 움켜쥐게 된다.

작가도 마찬가지다. 책을 쓰고 출간하는 수많은 작가가 있지만 대부분이 책을 썼다는 자기만족으로 머물고 만다. 나 역시 그런 무명작가다. 돈벌이는 시원치 않다. 글 쓰는 것을 좋아하고 책을 출간하는 것에 무엇과도 비교할 수 없는 뿌듯함과 감동을 느끼지만 경제적으로는 만족스럽지 않다.

나의 가장 큰 행복은 소소하지만 루틴처럼 반복되는 주말의 일상이다. 주중에는 아내의 퇴근이 늦어 좀처럼 편안하게 대화를 할 시간이 없다. 금요일 저녁이 되어서야 비로소 여유로운 시간이 시작된다. 금요일과 토요일 저녁에 아내와 함께 해산물을 비롯한 간단한 안주를 사다가 스파클링 와인을 마시는 것이 가장 큰 행복이다.

초보자일수록 입맛은 정직하다. 비싼 와인이 맛있다. 스파클링 와인 중에서는 당연히 샴페인이 가장 맛있다. 그러나 샴페인을 데일리 와인daily wine으로 마시기에는 부담스럽다. 다양한 수입사에서 4~5만 원대의 저렴한 샴페인도 많이 수입하지만 그 가격대의 샴페인을 매주 2병씩 마시는 것은 엄청난 부담이다. 그래서 경제적 부담이 없는 스파클링 와인을 주로 마신다.

그중에서 가장 가성비가 뛰어난 스파클링 와인은 단연코 스페인 스파클링 와인인 카바Cava인 것 같다. 맥주 대용으로 최고일 뿐더러 김치 냉장고에 보관해 차갑게 마시면 청량감이 가히 일품이다. 카바 중에서 내가 가장 자주 마시는 카바는 바로 보히가스 카바다. 어떻게 이 가격대에 이런 맛과 밸런스가 가능한지 늘 감탄한다. 나처럼 주머니는 가볍지만 마음만은 넉넉하게 와인과 함께하는 시간을 즐기고픈 미생들에게 고마운 와인이 아닐 수 없다.

보히가스Bohigas는 1540년부터 스페인 칸 마시아Can Macià 지역에서 와인을 생산했을 정도로 역사가 깊은 와이너리다. 이 지역은 아노이아Anoia강 유역에 위치해 있으며 지중해성 기후의 영향을 받아 여름에는 건조하고 겨울에는 온난 습윤하다. 또한 높은 온도차와 느린 성장 기간을 통해 카바 베이스 와인을 얻기에 최적의 조건을 갖추고 있다. 1929년 처음 카바를 생산하기 시작하여 1933년 대대적으로 생산 체제를 정비했다.

지금의 보히가스 카바 시리즈는 1936년 크리스마스에 첫 출시를 했던 와인이 시초다. 스페인 토착 품종인 마카베오Macabeo, 자렐로Xarello, 파레야다Parellada와 외래 품종인 샤르도네, 피노 누아를 사용해 만들고 있다. 카바Cava는 스페인의 스파클링 와인을 가리키며, 일반적으로 샴페인보다 숙성 기간이 짧아 포도 본연의 과일 풍미가 강하고 효모의 자가분해에 따른 이스트나 토스트 풍미도 약하다. 그러나 보히가스 카바는 최소 15개월 이상의 숙성 기간을 거치기 때문에 복합미와 탄탄한 구조감을 자랑한다.

2013년 세계적인 와인 평론가 로버트 파커가 보히가스 리제르바 카바를 다음과 같이 극찬하면서 전 세계적으로 유명세를 타게 되었다. "나는 NV 브릿 리제르바 카바를 좋아한다. 부드러운 석회석과 진흙의 토양에서 재배된 마카베오, 파레야다, 자렐로의 클래

식한 블렌딩으로 탄생한 와인으로 데고르주망dégorgement* 전에 앙금(침전물)과 함께 24개월의 숙성을 거친다. 프랑스 샴페인을 대신할 만한 스파클링 와인을 찾는 소비자들에게 최고의 선택지가 될 수 있는 밸류 와인이다. 레몬, 라임, 깨진 돌, 과실의 아로마가 강렬하고 신선하며 우아한 느낌의 스파클링에 통밀과 브리오슈의 옅은 힌트가 복합적인 느낌을 더한다."

♦ 더운 여름 시원한 청량감이 몹시 그리워질 때, 맥주는 식상하고 화이트 와인은 살짝 부족할 때, 스파클링 와인이 제격이다. 그중 가격 부담 없는 가성비 최고의 카바인 보히가스를 추천하고 싶다.

* 샴페인 양조 공정 중의 하나로 죽은 효모 침전물을 제거하는 과정이다.

보히가스 카바

생산지	스페인, 페네데스Penedes
등급	Cava DO
와인 타입	레스 드라이 와인
품종	자렐로 50%, 마카베오 25%, 파레야다 15%, 샤르도네 10%(2018년 빈티지)
가격	1만 원대

엔젤스 셰어
Angels' Share
천사의 몫

어느 와이너리 소유주 ————

누가 가져갔다는 말인가? 혹시 도둑이 들거나 그렇지 않다면 쥐나 고양이 같은 동물들에 의해 조금씩 없어졌다는 말인가? 창고에 자물 쇠로 잠가 놓고 동물이나 곤충이 접근하지 못하게끔 위생과 방역을 철저히 했다. 그럼에도 또 양이 줄어든다. 귀신이 곡할 노릇이다.

얼마 전 우연히 예전 기사를 봤다. "1970년 미국의 덩컨 맥두걸 Duncan Macdougal이 인간 영혼의 무게가 21g이라는 논문을 발표했 다. 사망을 앞둔 여섯 명 환자의 몸무게를 죽기 전과 죽고 난 후에 측 정해 보니 대략 21g이 감소했다는 것이다. 그는 이를 질량 보존의 법

칙에 따라 인간 영혼의 무게[*]라고 주장했다." 인간에게 영혼이 있다면 필시 성경에 나오는 것처럼 천사들도 존재할 것이다.

오크통에서 와인이 잘 숙성되고 있다. 그러나 해마다 2~3%씩 양이 줄어든다. 인간에게 와인은 물의 대체재이자 기쁨을 주는 음료수이다. 《성경》 전도서 9장 7절에 "너는 가서 기쁨으로 네 식물을 먹고 즐거운 마음으로 네 포도주를 마실지어다. 이는 하나님이 너의 하는 일을 벌써 기쁘게 받으셨음이니라."라는 구절이 있다. 그렇다면 분명 천사들도 와인을 즐겼을 것이다.

포도가 와인이라는 환상적인 음료(술)로 변하는 과정에서 천사가 가장 먼저 시음했음에 틀림없다. 그래! 그렇다면 매년 없어지는 와인은 '천사의 몫Angels'Share'이 분명하다.

---

[*] 사람의 몸은 호흡을 통해 일부 수분을 보충하는데 사망 후에는 호흡이 멈춰 수분을 보충하지 못해 수분 증발에 의해 몸무게가 감소하거나 사망 후 인체에서 빠져나가는 가스의 무게 때문에 몸무게가 감소한다고 보고 있다. 피실험자가 적고 실험 방식의 신뢰도도 낮아 사망 후 몸무게가 감소하는 것은 영혼의 무게 때문이라는 주장이 과학계에서는 받아들여지지 않았다.

1999년 9월 마이클 트웰프트리Michael Twelftree와 리처드 민츠 Richard Mintz는 친구의 약혼식 파티에서 의기투합하여 투 핸즈Two Hands 와이너리를 설립하게 된다. 그전부터 와인에 관심이 많던 두 사람은 그중 한 명의 회사에 있던 오크통을 이용해 소량의 와인을 만들기 시작했는데, 그 와인에 대한 주변 반응이 기대 이상이었고 주변 와인 바에서도 와인 공급을 요청하자 와이너리를 차리기로 결심한 것이다.

두 명의 창업자는 원래도 와인 관련 일을 했다. 트웰프트리는 와인 테이스팅과 관련된 경험을 쌓은 후에 호주 와인을 수출하는 회사를 경영하고 있었고, 민츠는 공인회계사 출신으로 오크통 제조 회사를 운영하고 있었다. 즉, 와인에 대한 풍부한 지식과 열정을 가진 트웰프트리와 사업 전반에 대한 통찰력과 마케팅 전략을 겸비한 민츠가 만나 와인 사업을 빠르게 성장시킨 것이다. 그래서 2000년 첫 빈티지를 내놓은 후 2004년 로버트 파커로부터 '현존하는 남반구 최고의 와인 생산자'라는 찬사를 받기에 이른다.

투 핸즈 와이너리는 시라즈Shiraz 와인을 생산하며 시라즈의 기본적인 특성과 다양한 변화된 매력을 동시에 보여주는 데 집중하고 있다. 투 핸즈는 가격과 퀄리티에 차별을 두어 4가지 시리즈로 등급을 나눴다. 가장 고급인 플래그십 시리즈Flagship Series부터 싱글

빈야드 시리즈Single Vineyard Series, 가든 시리즈Garden Series, 픽처 시리즈Picture Series로 나뉜다.

픽처 시리즈 중에 대표적인 와인이 엔젤스 셰어다. 엔젤스 셰어는 〈와인 스펙테이터Wine Spectator〉 100대 와인에 두 차례나 올랐을 뿐만 아니라 출시 후 평가 점수가 90점 아래로 내려간 적이 없을 정도로 대단한 퀄리티를 자랑한다. 엔젤스 셰어라는 이름은, 와인을 오크통에 숙성시키면 처음보다 양이 줄어드는데 자연적으로 증발하는 양은 '천사의 몫'이라는 말에서 유래했다고 한다.

♦ 정성 들여 만든 무언가가 증발했다면 악마의 소행이라고 할 수도 있었을 텐데 '천사의 몫'이라 부르는 것이 낭만적이다. 결과는 바뀌지 않더라도 긍정적인 시선으로 볼 수 있는 여유를 가져 보면 어떨까? 이 와인과 함께하며 인생을 음미하길 추천한다.

엔젤스 셰어	
생산지	호주, 맥라렌 베일McLaren Vale
와인 타입	미디엄 드라이, 풀 바디 와인
품종	시라즈 100%
가격	3만 원대 중반

1865

1865

골퍼의 와인

어느 은퇴 골퍼 ———

골프 선수에서 은퇴한 지 꽤 되었다. 현역 때 메이저 대회에서 우승도 하고 나름 인지도 있는 선수여서 은퇴 후에도 골프 관련 일들로 바빴다. 그러나 이제 골프가 아닌 다른 일을 하고 싶어졌다. 기왕이면 내가 좋아하고 잘할 수 있는 일을 하고 싶다. 제일 먼저 떠오르는 것이 와인이다. 선수 시절부터 잘할 때나 못할 때나 나를 격려해 주고 위로해 줬던 친구 그 이상이었다.

골프 하면 제일 먼저 떠오르는 와인은 무엇일까? 기성세대라면 먼저 두 가지 와인을 떠올릴 것이다. 첫 번째는 2016년 타계한 PGA의 전설 아놀드 파머Arnold Palmer가 만든 와인이다. 그는 아놀드 파머 샤도네이와 아놀드 파머 카베르네 소비뇽 등을 출시했다. 두 번째는 호주의 '백상어'라 불렸던 그렉 노먼Greg Norman이 만든 그렉 노먼 시리즈다. 와인 레이블에 그의 별명처럼 백상어가 디자인되어 있고, 특히 골퍼들 사이에서 큰 인기를 모았다.

그러나 2000년 이후 지금까지 압도적 1위를 차지하는 와인은 따로 있다. 의외로 전혀 골프와 관련 없는 와이너리에서 만든 와인이다. 바로 1865 와인이다. 골프 모임에서 유독 1865 와인을 많이 마시는 이유는 뻔하다. 와이너리에서 마케팅을 잘한 것인지 아니면 누군가 의미를 부여한 것이 입소문을 타고 널리 알려진 것인지, 1865는 '골프 18홀 65타를 친다.'라는 의미로 알려져 있다. 이는 프로 골퍼도 쉽게 칠 수 있는 스코어가 아니지만, 그런 기대와 바람이 있기에 골프가 더 재미있는 것 아니겠는가?

다만 이제 우리나라에서도 와인을 생산한 지 50년이 되어 간다. 골프 하면 떠오르는 와인이 한국 와인이 되었으면 좋겠다. 이제는 골프 하면 떠오르는 와인이 나의 별명이었던 '땡크 와인'이 되길 바라며 이제 와인 비즈니스에 뛰어들어 보려 한다!

1865는 중저가 칠레 와인 중 몬테스 알파Montes Alpha와 더불어 가장 대중적인 와인이다. 맛 또한 가장 칠레스럽다. 첫 모금부터 강한 맛과 향이 마치 포도 주스처럼 일관되게 지속된다. 더 저렴한 와인 중에는 첫 모금만 강하고 시간이 지나면서 맛과 향이 떨어지는 경우도 있지만, 적어도 1865는 그 정도는 아니다.

몇 년 전에는 4~5만 원대에 가격이 형성되어 있었지만, 최근에는 편의점에서도 2만 원대 후반에 팔릴 만큼 가격이 저렴해졌다. 그 이유는 크게 2가지가 아닐까 싶다. 첫째, 4~5만 원 주고 마시기에는 어쩐지 좀 부족하다는 느낌이 있고, 선택지가 다양해져 같은 가격이면 더 괜찮은 와인을 구입할 수 있다. 둘째, 골프의 인기가 예전 같지 않고, 비교적 부유한 골퍼들이 재미 삼아 한두 번은 모르겠지만 저가 와인인 1865를 선호하지 않는다.

1865 와인은 칠레 와인 회사인 산 페드로San Pedro의 대표 와인이다. 산 페드로는 콘차 이 토로Concha y Toro, 운두라가Undurraga와 함께 칠레 3대 와이너리이자 역사와 전통이 가장 오래된 와이너리 중 하나다. 기업가인 보니파시오Bonifacio와 코레아 알바노Correa Albano 형제에 의해 1865년 시작되었고, 그 후 성장을 거듭하다 1994년 CUU 홀딩 컴퍼니CUU Holding Company에 인수되며 전 세계적인 명성을 얻을 정도의 인지도 있는 회사로 거듭나게 되었다.

산 페드로는 칠레 센트럴 밸리Central Valley 지역에 2,500헥타르 이상의 포도 농장을 가지고 있다. 이곳은 낮에는 덥고 밤에는 서늘하며 우기가 6~8월에 집중된 지중해성 기후를 띠고 있어 포도가 자라기에 최적의 조건을 자랑한다. 산 페드로는 전통적이고 고전적인 기술과 최신 과학 설비를 조화롭게 활용해 고품격의 와인을 생산하고 있으며 5대륙 70여 개국에 와인을 수출하고 있다.

♦ 1865 와인은 이 회사의 설립 연도인 1865년을 기념하기 위해 만들어진 와인이다. 골퍼라면 한 번 정도는 마셔 봐야 할 와인이라고 할 수 있다. 싱글이 아니어도 소위 '깨백(100타 깨기)'을 하거나 80대 진입 혹 '라베(라이프 베스트, Life Best)'를 경신했을 때 축하 와인으로 최적이다. 굳이 축하할 자리가 아니어도 좋은 사람과 즐거운 라운딩을 했다면 그 사람들과의 뒤풀이 자리를 더욱 즐겁고 의미 있게 해 줄 것이다.

1865

생산지	칠레, 마이포 밸리Maipo Valley
와인 타입	드라이, 풀 바디 와인
품종	다양한 품종 와인 생산
가격	3만 원대

토마시 아마로네
Tommasi, Amarone
화려한 변신

어느 여행 유튜버 ───────

이탈리아 북부로 여행을 왔다. 이곳 베네토Veneto주 아디제Adige강 유역에는 베로나Verona라는 도시가 있다. 윌리엄 셰익스피어의 작품 《로미오와 줄리엣》,《말괄량이 길들이기》의 배경이 된 도시이다. 와인 애호가들에게는 아마로네Amarone 생산지로 알려진 발폴리첼라 Valpolicella 지방이 이 도시에 속해 있다. 아마로네를 생각하다 갑자기 학창 시절 내가 좋아했던 선생님이 떠올랐다.

'대추씨'라는 별명을 가진 수학 선생님이 계셨다. 첫 수업에 그 선생님을 처음 접한 우리는 선배들이 왜 그 선생님을 대추씨라고 불렀는지 단번에 알 수 있었다. 얼굴이 쭈굴쭈굴하니 볼품이 없고 키도 160cm밖에 되지 않는 단신이었다. 그러나 이 선생님에게는 대추씨

120

라는 별명에 어울리지 않는 몇 개의 수식어가 늘 따라붙었다. 전설의 대추씨, 일타 대추씨, 거인 대추씨 등등.

왜 그런 수식어가 따라붙었는지도 수업을 몇 번 듣고 바로 알 수 있었다. 볼품없는 외모가 누구보다 화려하고 멋진 후광으로 재탄생하는 순간이었다. 어려운 내용을 알기 쉽게 풀어 주고 핵심을 정확히 짚어 주며 시험 출제 가능성 높은 문제들을 마치 족집게같이 쪽쪽 집어냈다. 강약을 조절하시는 것인지 수업이 전혀 지루하지 않았고 수학을 공부하는 방법과 수학 시험을 잘 푸는 방법까지 알려 주셔서 어느 것 하나 버릴 게 없는 100점 만점의 수업이었다.

정말 고농축액의 '엑기스' 같은 분이었다. 한마디로 아이들을 가르치고 시험에서 고득점을 받게 해 주는, 응축되고 농익은 실력의 소유자였다. 마치 볼품없고 쭈글쭈글한 포도에서 강하고 진한 맛의 와인으로 화려하게 변신한 아마로네처럼……

아마로네 생산지인 발폴리첼라의 어원은 '강의 퇴적물이 쌓인 계곡'이라는 뜻의 'vallis pulicellae'이다. 그만큼 퇴적 토양이 많고 여기에 석회암이 더해져 포도 재배에 최적의 환경이 조성되어 있다. 이곳에서 생산되는 아마로네 와인은 아파시멘토Appassimento라는 기법을 통해 쭈글쭈글한 포도가 화려한 와인으로 변신한 것이다.

아마로네라는 이름은 쌉쌀하다는 뜻의 'amaro'와 크다는 뜻의 'one'에서 유래되었다고 한다. 품종은 이탈리아 발폴리첼라의 전통 품종인 코르비나Corvina를 주품종으로 론디넬라 등을 블렌딩해서 만든다. 단맛을 극대화시키기 위해서 포도 알갱이의 수분이 빠져 쪼글쪼글해질 때까지 3~4개월 동안 대나무로 엮은 발(짚 방석) 위에서 말린다. 곰팡이가 피지 않도록 통풍을 잘 시켜 주면 수분이 40~50% 정도 빠져나간다. 수분이 빠져나간 포도를 줄기만 제거하고 다시 한 달간 발효시킨 후 오크통에서 24개월 이상 숙성시킨다. 이렇게 만들어진 아마로네의 알코올 농도는 14~17% 수준으로 꽤 높은 편이다. 아마로네의 법정 최저 알코올 도수는 14%다.

아마로네 와인의 탄생 배경에는 여러 가지 설이 있지만 다음의 이야기가 유력하다. 주품종인 코르비나는 비교적 씨알이 굵은 편이

아파시멘토 방식으로 건조된 포도

라 다른 품종에 비해 상대적으로 타닌이 적고 힘이 부족하다는 평가를 받았다. 이를 극복하기 위해서 잘 말려서 양조하는 방법을 시도하게 되었다. 처음에는 포도를 말린 후 양조하는 '레치오토recioto'라는 방식을 계속 사용했다. 레치오토는 발효를 중간에 멈춰서 당도 있는 달콤한 와인을 만드는 방식이다. 그래서 100여 년 전만 해도 이 지역은 '레치오토'라는 달콤한 레드 디저트 와인을 생산하는 곳으로 유명했다. 그러던 어느 날 발효 과정을 중도에 멈추는 것을 실수로 깜빡하여 16.5%의 높은 알코올 도수를 가진 드라이하고 진한 와인이 만들어졌다. 혹시나 싶어 이 와인을 맛본 셀러 마스터는 기분 좋게 쌉쌀하고 진한 뒷맛에 놀라 와인 시장에 출시하게 되었고 소비자들에게 열렬한 인기를 얻으며 '아마로네'라는 와인이 탄생하게 되었다고 한다.

아마로네를 생산하는 많은 와이너리 중에서 대한민국에서 가장 대중적으로 많이 알려진 곳은 1902년 지아코모 토마시Giacomo Tommasi가 설립한 세계적 명성의 와이너리 토마시 아마로네 Tommasi Amarone 다. 가족 경영 와이너리로 4대째 가업으로 이어지고 있으며 9명의 자손들이 각자의 역할을 훌륭히 해내고 있다고 한다. 와인의 풀 네임은 '토마시 아마로네 델라 발폴리첼라 클라시코Tommasi Amarone della Valpolicella Classico'로 코르비나(50%), 론디넬라(30%), 코르비노네(15%), 오세레타(5%) 등 4가지 품종을 블렌딩해서 만든다. 토마시는 와이너리 이름이고 아마로네는 와인 스타일, 발폴리첼라는 생산지, 클라시코는 특정(핵심) 지역 혹은 전통적인 생산 방식을 의미한다.

♦ 포트 와인 같은 인위적인 주정 강화 와인을 제외하고는 와인 중에서 가장 높은 도수를 자랑하는 와인이 아마로네. 모처럼 진하고 농익은 강렬한 와인에 질펀하게 취하고 싶은 애주가들에게 추천한다.

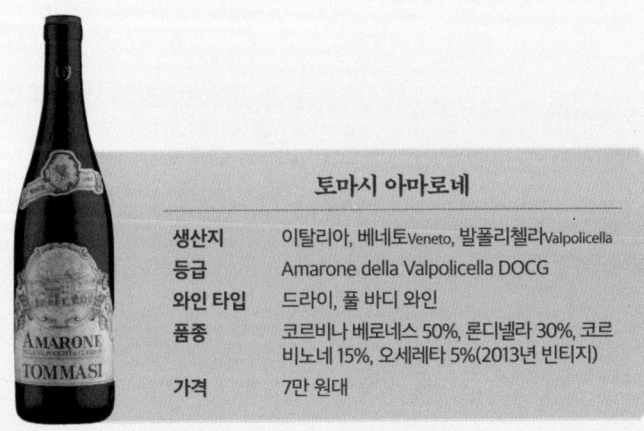

토마시 아마로네

생산지	이탈리아, 베네토Veneto, 발폴리첼라Valpolicella
등급	Amarone della Valpolicella DOCG
와인 타입	드라이, 풀 바디 와인
품종	코르비나 베로네스 50%, 론디넬라 30%, 코르비노네 15%, 오세레타 5%(2013년 빈티지)
가격	7만 원대

패러다임
Paradigm
컬트 와인의 출발점

하이디 배럿 ————

누구를 만나느냐가 자신의 인생을 결정해 준다고 하는데요. 와인 분야에서 내가 최고의 자리에 오를 수 있었던 것은 두 명의 위대한 아버지 덕분인 것 같아요.

저는 어릴 때부터 나파 밸리에서 자라 자연스럽게 와인에 관심을 가지게 되었어요. 어릴 때는 몰랐지만 아빠(리처드 G. 피터슨Richard G. Peterson)는 유명한 와인 전문가였어요. 아빠는 미국 내 여러 와이너리에서 자문역을 하며 미국의 와인 양조 역사에 한 획을 그으셨다고 해요. 지금은 내가 만든 아뮤즈 부셰Amuse Bouche 등에서 많은 도움을 주고 있습니다. 그리고 파리의 심판Judgment of Paris에서 프랑스의 그랑 크뤼Grand Cru 와인들을 꺾고 우승을 차지한 나파 밸리 최고급

126

와인 샤토 몬텔레나Château Montelena의 오너인 짐 배럿Jim Barret이 나의 시아버지 되십니다. 내가 아버지를 쫓아다니며 와인 메이커로서 성장할 수 있었다면, 시아버지의 영향으로 더 큰 꿈을 꾸면서 지금의 내가 될 수 있었어요.

나의 성장은 미국 컬트 와인cult wine*의 성장과 그 궤를 같이합니다. 1990년대 컬트 와인의 대표 주자 스크리밍 이글Screaming Eagle 팀에 합류해서 스크리밍 이글 1대 와인 메이커로 활약하며 나는 엄청난 유명세를 타기 시작했어요. 카베르네 소비뇽을 주품종으로 하는 스크리밍 이글은 1992년 첫 빈티지부터 비평가들의 전례 없는 찬사를 받게 되었고, 로버트 파커로부터 평점 99점을 받으며 컬트 와인의 붐을 주도하기 시작했어요. (그 후 6회에 걸쳐 RP 100점 받았죠.) 그때부터 '나파의 여왕', '와인의 영부인', '미국이 낳은 양조 천재' 등의 분에 겨운 찬사를 받으며 미국 와인 역사에 자리매김하게 되었죠.

하지만 지금의 나를 있게 해 준 것은 그보다 앞선 패러다임Paradigm이라고 말해야 맞을지도 모르겠군요. 1991년 첫 빈티지부터 와인 메이커로서 일하기 시작했고, 이곳에서 와인 메이커로 성장하고 인지도를 얻어 스크리밍 이글 팀에 합류할 수 있었으니 말이에요.

---

* 작은 와이너리에서 제한된 와인만 생산하는 와인. 다른 말로는 부티크 와인(boutique wine), 개러지 와인(garage wine), 블루칩 와인(bluechip wine)으로 불리기도 한다. 몇몇 컬트 와인이 와인 평론가 로버트 파커로부터 100점 만점을 받으면서 유명세를 타기 시작했다. 컬트 와인 붐은 미국 경제의 부흥 및 실리콘 밸리의 성장으로 고가 와인 수요가 많아지면서 시작되었다.

패러다임 와이너리는 하이디 배럿Heidi Barrett*의 아버지와 먼저 인연을 맺었다. 1990년 양조장이 건조될 때 그가 자문으로 참여해 그 시작을 함께했다. 1991년 첫 빈티지 와인을 생산할 때, 패러다임 와이너리는 젊고 유능한 양조가였던 그의 딸 하이디 배럿을 와인 메이커로 고용하여 생산을 책임지게 했다.

패러다임 와이너리는 이탈리아계 이민 가문의 렌 해리스Ren Harris와 미국 부동산업자였던 매릴린Marilyn이 결혼하면서 설립되었다. 둘은 1960년대 나파 밸리로 들어와 오크빌Oakville에 터를 잡고, 1970년대에 포도나무를 심어 포도밭으로 가꾸기 시작했다. 그리고 오랜 준비 끝에 1990년에 양조장을 건조해 지금에 이르게 되었다. 2015년 결혼 50주년 금혼식을 맞을 정도로 금슬이 좋았던 부부는, 생태 친화적 영농법과 환경 보호를 실천해 온 대표적인 생산자다.

패러다임은 클래식하면서도 현대적인 캘리포니아 와인이라는 평을 받고 있다. 포도밭은 낮에는 따뜻하고 밤에는 서늘한 지중해성 기후 덕분에 포도 숙성에 이상적인 환경을 갖추고 있다. 100% 유

---

* 캘리포니아에서 가장 유명한 컬트 와인을 담당한 미국의 와인 메이커이자 기업가. 여러 유명 와이너리에서 근무한 경력이 있다. 엘리자베스 스펜서 (Elizabeth Spencer)의 컨설턴트이며 자신의 와인 레이블인 라 시레나(La Sirena)를 소유하고 있다.

산 발효와 주기적인 바토나주[**] 방식으로 생산하며 프랑스산 오크 통에서 20개월 숙성을 거친다. 블랙베리, 블랙체리 등의 잘 익은 검붉은 과일 향과 바닐라, 스파이스 등 오크 숙성에서 오는 복합적인 풍미가 일품이다.

♦ 패러다임을 깨는 것은 쉽지 않다. 당연하게 여겨지는 가치관과 틀은 어릴 때부터 학습되기 때문이다. 그러나 하이디 배럿처럼 '컬트 와인'이 라는 새로운 영역을 개척하기 위해서는 패러다임을 깰 용기가 필요하 다. 와인 잔을 비우듯 패러다임을 비우고 깰 준비가 되어 있는 용자들 에게 이 와인을 추천하고 싶다.

[**] 숙성 시 주기적으로 효모 잔해를 휘저어 주는 방식. 더욱 기름지며 복합적인 풍부한 향을 갖 게 된다.

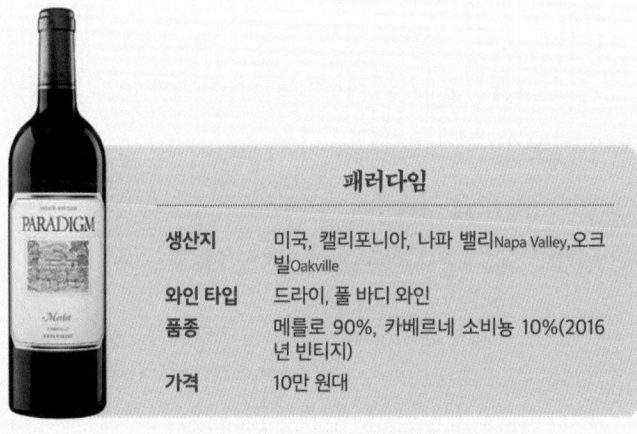

패러다임

생산지	미국, 캘리포니아, 나파 밸리Napa Valley, 오크 빌Oakville
와인 타입	드라이, 풀 바디 와인
품종	메를로 90%, 카베르네 소비뇽 10%(2016 년 빈티지)
가격	10만 원대

두르트 뉘메로 엥
Dourthe, N°1
넘버 원

드니 뒤부르디유 ————

뉘메로 엥(넘버원). 최고가 되고 싶다. 어느 분야든 이미 최고는 존재한다. 나는 나만의 방식으로 승부한다. 그리고 내가 최고의 자리에 오를 것이다.

이 지역(보르도) 대부분의 와이너리는 여러 포도 품종을 블렌딩해서 와인을 생산한다. 또한 대부분의 와이너리가 한 지역에 국한해서 포도를 재배하고 그 지역에서 재배된 포도로 와인을 생산한다. 즉, 본인의 와이너리가 위치한 지역에 블렌딩하고자 하는 포도 품종들을 심어 블렌딩하는 것이 일반적이다.

보르도는 지역 특성상 블렌딩을 기본으로 할 수밖에 없다. 해안성 기후로 비가 많이 오고 날씨의 편차도 크기 때문에 빈티지에 따라 와인 품질에 큰 차이가 있다. 이를 해결하기 위해서 다양한 포도 품종을 재배해 빈티지에 따라 포도 품종의 비율을 조절해 와인의 수준을 유지하려고 했기 때문이다. 오히려 이런 블렌딩이 균형감과 복합미를 더해 주는 역할을 하기도 했다. 보르도에서 가장 많이 블렌딩되는 포도 품종은 메를로와 카베르네 소비뇽이다. 이 둘은 상당히 다른 캐릭터를 가지고 있어 이 둘을 잘 조합하면 새롭고 조화로운 와인을 만들 수 있다. 이 외에 적은 비중으로 카베르네 프랑과 프티 베르도 등을 섞는다.

그러나 발상의 전환이 필요하다. 품종이 다르다는 이유만으로 블렌딩이라고 할 수 있을까? 어차피 비슷한 토양, 기후, 강수량의 테루아르에서 생산된 포도들이라면 품종이 다르더라도 완전히 다르다고 할 수 있을까? 예를 들어 프랑스의 시라syrah와 호주로 넘어간 시라즈shiraz는 같은 품종임에도 그 맛과 향이 극명하게 차이가 난다. 너무 당연한 것이지만 프랑스와 호주의 테루아르가 다르기 때문이다. 그렇다면 같은 보르도라 하더라도 지역적인 차이에 따라 분명 토양이 다를 것이고 일조량과 강수량도 다를 것이다. 그렇다면 같은 메를로 품종이라 하더라도 향과 맛이 다를 수 있다.

순간 내 무릎을 탁 쳤다. 이미 여러 포도밭에 큰 투자를 한 상태고 심지어 여러 포도밭을 직접 관리하고 있다. 여러 지역의 품질 좋은 포도를 적절하게 섞어 와인을 만든다면 유일무이한 보르도 블렌딩 와인이 될 것이다. 그래, 이거다!

두르트 뉘메로 엥Dourthe, Numéro 1 은 두르트 와이너리의 넘버원이라는 뜻이다. 두르트 와이너리는 1840년부터 시작된 역사가 깊은 와이너리다. 하지만 뉘메로 엥을 출시한 1988년부터 세계 와인 시장에서 인정을 받기 시작했다. 보르도 와인의 기준이라 할 만큼 완벽함을 추구하며 품질 혁신을 통해 출시부터 큰 인기를 얻었다. 세계 와인 전문가들 및 언론의 만장일치로 같은 가격대의 보르도 브랜드 와인 중 최고의 품질로 인정받았을 정도다.

이는 세계적인 와인 메이커 미셸 롤랑Michel Rolland[*]과 드니 뒤부르디유Denis Dubourdieu[**]의 양조 컨설팅을 통해 탄생했기 때문에 가능했다. 뉘메로 엥의 블렌딩에 사용되는 와인은 보르도 전역 140개 와이너리에서 생산되는 1,000개 이상의 와인이라고 알려져 있다. 특히 1년에 걸쳐 이 와인들의 특성을 파악하고 최적의 블렌딩 비율을 찾아낸다고 한다. 블렌딩의 미학을 보여 주는 블렌딩에 있

---

[*] 1947년 11월 24일 프랑스 출생. 세계적인 와인 컨설턴트. 10여 개국의 100여 개 와이너리에 컨설팅을 담당하고 있으며 자신의 이름을 딴 '롤랑 컬렉션(Rolland Collection)' 와인도 10여 종을 만들고 있다. 1년 중 비행기 탑승 횟수가 200회가 넘어 '플라잉 와인 메이커(flying wine maker)'로 불린다.

[**] 1949~2016. 프랑스의 와인 제조업자이자 보르도 대학교의 와인 양조학 교수였다. 여러 와이너리를 공동 관리하거나 자문을 맡기도 했다. 특히 1960년대 후반까지 달콤하고 품질이 낮았던 화이트 보르도 와인을 개선하는 데 주도적인 역할을 했다. 이후 '화이트 와인의 교황', '가장 유명한 와인 과학자'로 불렸다.

어서는 단연코 넘버원의 와인인 이유다.

◆ 어느 분야든 최고는 있다. 지금 최고의 자리를 차지하고 있는 사람은
자신만의 방식으로 과거의 최고를 밀어내고 그 자리를 차지한 것이다.
다만 우리에게 보이는 것은 과정이 아닌 결과물뿐이다. 그들이 쏟았을
땀과 열정 그리고 남몰래 흘렸을 눈물은 짐작키 어렵다. 최고를 꿈꾸며
지금의 힘든 시기를 견디고 있는 분들과 이미 최고의 자리에 오른 모든
분들에게 이 와인을 추천하고 싶다.

두르트 뉘메로 엥

생산지	프랑스, 보르도Bordeaux
등급	Bordeaux AOC
와인 타입	드라이 와인
품종	뉘메로 엥 루즈(Rouge)-메를로 65%, 카베르네 소비뇽 35%(2019년 빈티지)
가격	3만 원대 중반

베라차노
Verrazzano
위대한 도전 정신

베라차노 장군 ───

내가 태어나고 자란 곳은 온통 산과 들 그리고 작은 호수와 강으로 이뤄져 있다. 간혹 해안가에서 온 사람들 얘기를 들어 보면 끝도 보이지 않는 바다가 수평선처럼 끝없이 펼쳐져 있다고 한다. 그리고 바다 건너편에는 우리의 상상 속에만 존재하던 환상적인 세상이 펼쳐져 있다고 한다. 혹은 바다에는 무시무시한 괴물이 살고 있다는 얘기도 있고 폭풍우를 만나면 배가 전복되어 몰살되는 경우도 허다하다고 한다.

겨우 작은 강이나 호수만을 보고 자랐던 나로서는 바다로 나아갈 용기가 쉬이 나지 않는다. 그러나 바다 건너, 저 멀리 반대편에는 우리가 한 번도 보지 못했던 신세계가 펼쳐져 있을 것이다. 두려움과

베라차노 장군

동경, 호기심과 안주, 결단과 갈등이 내 안에서 쉼 없는 충돌을 일으
키고 있다. 내 눈으로 직접 확인해 보고 싶다. 그러나 한 번도 가 보지
않았던 곳이다.

포도원을 소유하고 있고 이 지역을 지키는 장군으로서, 나는 모든
이들의 선망의 대상이기도 하다. 나의 선택은 지금 가진 너무나도 많
은 것을 내려놓고 포기해야 한다. 그리고 불확실하고 불안한 미래를
선택해야 한다. 그러나 손에 움켜쥔 것을 내려놓아야 내가 원하는 것
을 잡을 수 있다.

한 번뿐인 삶. 그래, 가 보자. 나는 베라차노 장군이다. 그 결말이
최악이라 해도 해 보지 않고 후회하느니, 해 보고 미련 없이 후회하
겠다.

지리상의 발견은 15~17세기에 이루어진 대규모의 지리적 발견을 말한다. 15세기 초 포르투갈의 엔히크Henrique 왕자의 아프리카 항로 개척을 시작으로, 인도로 가는 새로운 항로의 탐색도 이때 시작되었다. 15세기 말에는 크리스토퍼 콜럼버스Christopher Columbus가 아메리카 대륙을 발견했고, 16세기에는 페르디난드 마젤란Ferdinand Magellan이 태평양을 횡단하여 필리핀에 도착한 후 다시 에스파냐로 귀환하여 지구가 둥글다는 것을 실제로 증명하기도 했다. 이렇게 17세기 초까지 유럽 각국이 앞다퉈 탐험 및 항해의 시대를 연 시기를 가리켜 지리상의 발견이라고 한다.

이 시기에 이탈리아 키안티Chianti에서 영지를 다스리고 포도원을 운영하던 장군이 있었다. 그는 먼 나라에서 들어오는 낯선 음식과 물품들을 접하며 바다 저 건너편의 다른 세계에 호기심을 가지기

베라차노 장군의 카락선 모형

시작했다. 그러나 몇 달 혹은 몇 년이 걸릴지 모르는 기나긴 탐험을 떠나겠다는 마음을 먹는 것은 쉽지 않았을 것이다. 더군다나 산과 들로 둘러싸인 내륙에서 태어난 그에게 바다는 매우

베라차노 다리

낯선 곳이었으니 말이다.

그러나 그에게는 도전 정신이 있었다. 그는 모든 두려움과 위험에 굴하지 않고 지리상 발견에 크게 일조하였고, 16세기 미국 동부 해안과 뉴욕항(1524년)을 처음으로 발견한 탐험가로 역사에 길이길이 남게 된다. 그리하여 뉴욕에서는 베라차노 장군의 도전과 모험 정신을 기리기 위해 1965년 허드슨강에 베라차노 다리Verrazano-Narrows Bridge를 건설했으며 이 다리는 지금까지도 뉴욕 마라톤의 출발지이기도 하다. 그의 이름이 바로 이탈리아 장군 지오반니 다 베라차노Giovanni da Verrazzano (1485~1528)다.

카스텔로 디 베라차노Castello di Verrazzano 와이너리는 12세기부터 와인을 생산한 유서 깊은 와이너리다. 베라차노 장군이 태어난 성이기도 하며 아름다운 언덕과 50헥타르 이상의 포도밭으로 둘러싸여 있다. 포도밭은 해발 280~400미터에 위치해 있으며 여름에는 덥고 건조하며 겨울에는 온화하고 습한 날씨가 이어지는 전형적인 지중해성 기후로 포도가 자라기에 최적의 조건을 갖추고 있다. 그 후 여러 귀족 가문의 소유로 있었다가 1958년 카펠리니 Cappellini 가문이 인수하면서 지금의 명성을 얻게 되었다.

현대적인 키안티 클라시코Chianti Classico[*]가 이탈리아를 대표하는 산지오베제Sangiovese와 국제 품종인 카베르네 소비뇽, 메를로 등의 품종을 블렌딩하는 것에 반해, 베라차노는 토종 품종인 카나이올로Canaiolo를 사용한 전통적인 키안티 클라시코 스타일의 와인을 고집한다.

♦ 3대 키안티 클라시코로 베라차노, 카스텔로 디 브롤리오(Castello di Brolio), 폰텔루툴리(Fonterutoli)를 꼽는다. 뛰어난 품질과 오랜 전통을

---

[*] 이탈리아 토스카나(Toscana)주 피렌체(Firenze)와 시에나(Siena)에 걸쳐 있는 와인 산지다. 1716년 피렌체를 지배하던 메디치(Medici) 가문의 코지모 3세(Cosimo III) 대공이 우수한 품질의 와인을 생산하는 마을을 따로 지정하면서 키안티 클라시코 마을이 공식적으로 탄생했다. 이후 1924년 생산자 33명이 키안티 와인의 품질을 보호하고 전통을 지키고자 키안티 클라시코 와인 협회(Consorzio Vino Chianti Classico)를 창설하면서 최초 설정 구역을 키안티 클라시코로 구분해서 부르게 되었다. 키안티 클라시코는 와인 병목에 검은 수탉 엠블럼이 그려져 있어 다른 키안티 와인과 쉽게 구별할 수 있다.

베라차노 성과 포도밭

자랑하는 대표적인 생산자들이다. 그중 전통과 혁신이 공존하는 키안
티 클라시코 와인의 정수를 맛보고 싶다면 베라차노 와인을 추천하고
싶다.

베라차노

생산지	이탈리아, 토스카나Toscana, 키안티Chianti
와인 타입	드라이 와인
품종	산지오베제 95%, 카나이올로 5%(2014년 빈티지)
가격	3만 원대 후반

이스카이
Iscay
아름다운 동업

다니엘 피 ────

누구를 파트너로 삼아야 할까? 국내에서는 나의 명성이 이미 자자하지만 어쩌면 우물 안 개구리가 아닌가라는 자괴감이 들 때도 있다. 또한 아르헨티나 와인이 가진 저가 이미지를 벗어나고 싶다. 아르헨티나도 유럽의 프리미엄 와인 같은 고급 와인을 생산할 수 있다는 것을 보여 주고 싶다. 그러려면 훌륭한 파트너가 필요하다.

흔히 동업은 십중팔구 망한다고 한다. 일반적으로 잘되면 나 때문에 잘된 것이고, 못되면 상대방 때문에 못되었다고 생각하기 때문이다. 금전적 혹은 기타 손실에 대한 책임은 피하고 싶고 달콤한 열매만 취하고 싶은데 어찌 동업이 잘될 수 있겠는가? 사람이 나쁜 것이 아니라 돈의 속성이 나쁜 것이란 말이 있듯, 돈이 개입되는 순간 동업은 오래 유지되기 힘들다고 한다.

그렇다면 동업이 성공하기 위해서는 어떤 조건이 필요할까? 첫째, 아무리 가까운 사이라도 구두 약속보다는 일종의 동업 계약서 등을 써서 그 계약 관계를 명확하게 해야 한다. 즉, 동업으로 인한 여러 변수들로부터 책임 소재를 확실히 해야 한다. 그래야 각자가 자기의 자리에서 자신의 역할에 최선을 다하게 된다. 그래서 나는 우리의 동업을 명확하게 하기 위해 레이블에 우리 둘의 서명을 넣을 계획이다.

둘째, 서로의 단점을 보완해 주거나 동업을 통해 부수적인 상승 효과가 있어야 한다. 1+1이 최소 3 이상이 되는 시너지 효과가 있어야 동업을 하는 의의가 있는 것이다. 그래서 최소한 나보다 더 인지도 있고 실력 있는 사람과 함께해야 한다.

그렇다면 내 머릿속에 맨 먼저 떠오르는 사람이 한 명 있다. '플라잉 와인메이커flying winemaker'라는 별명이 있을 정도로 세계 각국을 넘나들며 맹활약 중인 그분, 바로 미셸 롤랑Michel Rolland이라면 가능할 것이다. 그리고 와인 이름은 '둘'이라는 뜻의 이스카이Iscay로 해야겠다.

이스카이Iscay는 잉카어로 '둘'이라는 뜻이다. 두 가지 품종의 조합이라는 뜻 외에도 기존 전통과 새로운 혁신의 조합, 구대륙 와인 기술과 신대륙 테루아르의 만남, 자연과 인간의 조화, 잠재력과 과학의 만남 등 여러 해석이 가능하다. 그중에서도 세계적인 와인 메이커인 미셸 롤랑과 아르헨티나 트라피체Trapiche 와이너리의 수석 와인 메이커 다니엘 피Daniel Pi의 합작이라는 의미에서 이스카이의 이름이 더 부각되었다.

이스카이 레이블에는 무엇인가를 적은 듯한 글씨가 있는데, 두 사람이 블렌딩한 와인을 마시고 남긴 시음 후기와 서명을 그대로 이스카이 레이블에 담은 것이다. 다만 2004년까지는 미셸 롤랑과 다니엘 피의 서명이 있었으나, 2005년부터는 마르셀로 벨몬테 Marcelo Belmonte와 다니엘 피의 서명이 들어가 있다. 아무래도 현 시점에서는 2005년 빈티지 이후의 와인을 구매하여 마실 기회가 많기 때문에 우리가 마시는 이스카이는 대부분 마르셀로 벨몬테

이스카이 레이블의 서명

와 다니엘 피의 합작으로 만들어진 와인이라고 보면 된다.

'둘'이라는 뜻의 이름이 암시하듯 두 품종을 적절히 섞어 색다르지만 최고의 맛을 창조하고자 했다.

그러기 위해서 두 명의 동업자가 각자 가장 잘 아는 품종을 선택하여 양조한 후 이를 블렌딩하기로 했다. 다니엘 피는 아르헨티나를 대표하는 포도 품종 말벡malbec을 선택했고, 와이너리 총괄 책임자인 마르셀로 벨몬테는 프랑스 보르도 지역에서 주로 재배되며 아르헨티나에서는 재배하기 어려운 카베르네 프랑cabernet franc을 선택했다.

다만 블렌딩한 와인의 두 품종은 계속 바뀌었다. 2007년까지는 메를로merlot와 말벡의 50:50 비율로 블렌딩하여 와인을 생산했고, 2008년부터는 앞서 언급한 말벡과 카베르네 프랑을 70:30으로 블렌딩하여 만들기 시작했다. 이 조합이 성공을 거두며, 2010 빈티지부터는 시라syrah와 비오니에viognier 조합의 와인까지 2종류의 와인을 생산해오고 있다.

이스카이는 평점과 수상 경력도 화려하다. 로버트 파커가 2009년 빈티지에 92점, 2011년 빈티지에 98점, 2013년 빈티지에 99점, 2015년 빈티지에 97점을 각각 부여했다. 제임스 서클링James Suckling*은 2017년 빈티지에 98점, 2019년 빈티지에 93점을 부

---

* 1958년~. 세계적으로 유명한 미국의 와인 평론가이자 저널리스트. 미국의 유명 와인 매거진 <와인 스펙테이터(Wine Spectator)에서 1981년부터 2010년까지 활동했다. 특히 100점 만점의 와인 점수 평가로 잘 알려져 있다.

이스카이를 생산하는 트라피체 와이너리

여하기도 했다. 보통 평점이 3.8 이상만 넘어도 맛있고 훌륭한 와인이라는 평을 받는 비비노Vivino* 평점은 4.2점을 기록하고 있다. 물론 시라-비오니에 블렌딩은 4.1점을 받는 등, 블렌딩한 종류와 빈티지에 따라 평점에 조금씩 차이는 있지만 대체적으로 4.0점을 넘는 훌륭한 와인으로 평가받고 있다.

이스카이는 단순한 와인을 넘어서 유럽의 와인 선진국들과 당당

---

*   와인 관련 어플이다. 와인 평점 외에도 원산지, 포도 품종, 도수, 와인 메이커, 맛의 특성 등 와인 상세 정보들을 제공하며 와인 구입도 가능하다. 와인 평점은 전 세계 어플 접속자들의 평가로 평균이 매겨지며, 5점 만점에서 4점 이상이면 믿고 구매해도 좋다고 얘기된다.

히 겨루며 아르헨티나의 자존심과 도전 정신을 입증한 상징적인 와인으로 자리 잡았다.

♦ 동업을 준비하고 있는 분이 있다면 동업의 여러 사례와 성공 가능성을 깊게 들여다봤으면 좋겠다. 일반적으로 동업의 성공 확률이 높지 않은 데도 함께하고자 결심했다면, 상대방과 이 와인을 나누며 도원결의하듯 각오와 의지를 다져 보자.

이스카이

생산지	아르헨티나, 멘도자Mendoza
와인 타입	드라이, 풀 바디 와인
품종	말벡 70%, 카베르네 프랑 30%(2013년 빈티지)
가격	7만 원대

돈나푸가타 앙겔리
Donnafugata, Angheli
광란의 오를란도

안젤리카Angelica는 모든 남성들의 마음을 한순간에 사로잡을 만큼 탁월한 아름다움을 지니고 있다. 그러나 누구나 빠질 것 같은 사랑스러운 외모와 다르게 그녀는 자신의 목적을 달성하기 위해서라면 어떤 술수와 책략을 아끼지 않는 교활함을 가지고 있다. 말 그대로 모순덩어리 그 자체다.

그러나 안젤리카는 메도로Medoro와 사랑에 빠지며 전혀 다른 사람으로 재탄생한다. 모든 남자들에게 무관심했던 마음은 메도로라는 남자에게 처음으로 사랑과 연민이라는 감정을 느끼게 되고 그러면서 자신만을 생각하는 이기적인 사람에서 사랑하는 이를 위해 자신을 희생하는 헌신하는 여자로 변신한다. 그러나 그 후에 오를란도의 일방적인 구애에 어쩔 수 없이 그를 떼어 놓기 위해 거짓 사랑과

광란의 오를란도

함정을 만들지만 이로 인해 그녀 또한 많은 어려움에 처하게 된다.

　안젤리카를 짝사랑하던 기사 오를란도는 안젤리카가 이슬람 군인 메도로와 결혼했음을 알고 좌절한 나머지 이성을 잃고 광란의 질주를 하며 그녀를 쫓아 에스파냐를 헤매게 된다. 그러나 사촌 아스톨포의 도움으로 정신을 차리고 샤를마뉴 대제를 도와 기독교의 승리를 이끄는 영웅이 된다.

돈나푸가타 앙겔리Donnafugata Angheli는 이탈리아의 유명한 서사시 《광란의 오를란도Orlando Furioso*》에 등장하는 인물인 안젤리카에서 이름을 따왔다. 이 서사시에 등장하는 안젤리카는 함부로 범접할 수 없는 아름다움과 아우라를 가진 여성이다. 그러나 여러 사건들로 인해 그녀의 성격과 심리 상태는 역동적으로 계속해서 변화하고 발전한다.

이 와인의 이름을 안젤리카에서 가져온 이유다. 그녀만큼이나 이 와인 역시 역동적이고 변화무쌍한 매력을 보여 주기 때문이다. 그래서 시칠리아의 현대적 와인 메이킹을 대표하는 와인으로 인정받으며 큰 사랑과 호평을 받고 있다. 시칠리아의 뜨거운 햇빛을 받고 자란 포도의 과일 향과 농밀함이 매력적으로 다가오며, 오픈 후 향과 맛이 변화하는 즐거움을 만끽할 수 있다. 이런 이유로 비싸지 않은 가격대에도 불구하고 한국의 파인 다이닝fine dining**에서 많은 사랑을 받고 있다.

돈나푸가타Donnafugata 와이너리는 1851년부터 시칠리아에서

---

* 르네상스 시기 루도비코 아리오스토(Ludovico Ariosto)가 지은 이탈리아의 서사시로 1502년 집필을 시작해서 1532년 간행했다. 총 46곡 3만 8,736행으로 이뤄진 장편이다. 내용은 《사랑에 빠진 오를란도》에 이어진다.

** 질이 좋은(fine)과 식사(dining)의 합성어로, 격식을 갖추어 비싼 레스토랑에서 제공되는 좋은 음식을 먹는 것을 뜻한다.

170년 이상 와인을 양조해 온 랄로 패밀리Rallo family가 설립했다. 돈나푸가타는 '피난처의 여인'이란 뜻인데, 19세기 나폴리의 왕이었던 페르디난도 4세Ferdinando IV의 아내이자 마리 앙투아네트의 언니인 마리아 카롤리나Maria Carolina *** 을 가리킨다. 그녀는 나폴레옹 군대에 쫓겨

마리아 카롤리나

시칠리아섬으로 피난을 왔는데, 당시에 그녀가 머물던 건물이 지금의 돈나푸가타 와이너리가 되었다. 돈나푸가타의 로고로 사용되고 있는 여자의 모습 역시 마리아 카롤리나를 나타낸다. 와인 레이블에 그려진, 바람에 머리카락이 휘날리는 모습은 피난 가는 여인의 도망치는 모습을 상징하는 것이다. 여러모로 안젤리카와 돈나푸가타 와이너리의 시작은 닮았다.

돈나푸가타 와이너리가 위치한 시칠리아는 이탈리아 서남단에

***　1752~1814. 신성로마제국 황제 프란츠 1세 (Franz I)의 13번째 자식으로 태어나 나폴리와 시칠리아의 왕 페르디난도 4세(Ferdinando IV)와 결혼했다. 프랑스 혁명으로 나폴리 왕국을 빼앗기고 나중에 고국인 오스트리아로 추방당하게 된다.

있는 지중해 최대의 섬이다. 지리적으로 아프리카 대륙에 가까워 다채로운 문화를 가지고 있으며 이탈리아에서도 색다른 면을 즐길 수 있는 관광지다. 지중해 특유의 따뜻한 햇살과 기후 덕에 포도 재배가 용이해 약 10만 헥타르에 이르는 넓은 포도밭이 형성되어 있다. 또한 다양한 토양과 기후 아래에서 70여 종에 이르는 토착 품종이 재배되고 있어 다채로운 와인이 생산되고 있다.

시칠리아 와인은 몇 가지 특징이 있다. 첫째, 가볍고 신선한 스타일로 생산되는 와인이 많아 캐주얼하게 즐기기 좋다는 장점이 있다. 둘째, 화산 토양을 비롯한 다양한 토양과 기후 덕에 다채로운 와인이 생산되어 음식과 폭넓은 페어링Fairing 이 가능하다. 셋째, 친환경적이다. 시칠리아는 이탈리아에서 유기농 재배 면적이 가장 넓은 지역이다. 건조한 날씨 덕에 포도나무가 질병으로 피해를 입을 가능성이 낮아 유기농 재배에 유리한 환경을 갖추고 있기 때문이다. 이러한 특징들을 두루 갖고 있는 돈나푸가타 앙겔리 와인은 12개월 동안 프랑스산 새 오크통에서 숙성되며, 병입 후 4개월 정도의 안정화 과정을 거쳐 출시된다.

참고로 시칠리아 음식은 개성 강한 와인이 많아 한식과도 궁합이 잘 맞는다고 알려졌다. 그릴로Grillo, 카타라토Catarratto 품종의 화이트 와인은 해물 짬뽕 및 매운탕과도 잘 어울리고 네로 다볼라

Nero d'Avola, 프라페토Frappato 품종의 레드 와인은 고추장 삼겹살, 감자탕 등과도 잘 어울린다고 한다.

♦ 돈나푸가타 앙겔리 역시 한국 음식과 페어링이 좋다. 매콤한 맛의 고추장 제육볶음이나 찜닭, 고기의 감칠맛이 일품인 수육과 소불고기 전골과도 잘 어울린다. 풍부한 과일 향과 함께 스파이시한 특징을 가진 이 와인을 한식과 함께하길 추천한다.

돈나푸가타 앙겔리

생산지	이탈리아, 시칠리아Sicilia, 콘테사 엘텔리나 Contassa Entellina
등급	Sicilia D.O.C.
와인 타입	드라이 와인
품종	네로 다볼라 50%, 메를로 50%(2019년 빈티지)
가격	4만 원대

켄우드 잭 런던
Kenwood, Jack London
야성의 부름

벅Buck은 세인트버나드와 셰퍼드의 믹스견으로 덩치가 크고 두뇌가 발달한 개다. 벅은 미국 산타클라라 계곡의 밀러 판사의 저택에서 사랑을 받으며 풍족하게 살고 있었다. 그러나 정원사가 도박 빚 때문에 벅을 납치해서 알래스카로 팔아넘기게 된다.

벅은 끌려온 곳에서 몽둥이로 얻어맞으며 처음으로 야성이 깨어나기 시작한다. 썰매견으로 함께 팔려온 컬리라는 개가 허스키 떼에게 공격을 당해 죽음을 당하자, 자신은 그런 죽음을 맞지 않겠다고 결심하며 한층 더 야성이 깨어난다.

벅은 알래스카의 추위와 자신의 목숨을 위협하는 주변 환경으로부터 자신을 지키는 법을 배우게 된다. 벅은 썰매를 끄는 무리의 기존 우두머리인 스피츠Spitz와 싸움을 하게 되고 결국 스피츠를 죽이

〈야성의 부름〉 속 한 장면

고 무리의 우두머리가 된다. 그러나 편안한 생활도 다시 새 주인에게 팔려가면서 더 위험하고 치열한 모험과 야성의 세계로 들어가게 된다.

　가혹한 환경 때문에 존 손턴John Thornton의 캠프에 들어갔을 때는 무리 중에서 겨우 4마리만 살아남았고, 나중에는 손턴의 도움으로 벅 혼자 살아남게 된다. 벅은 손턴을 사랑하지만 야생과 문명 중 어디에도 속하지 못하고 왔다 갔다 한다. 그러나 손턴마저 인디언의 손에 죽게 되자 벅은 인디언을 죽여 복수하고 야성의 부름에 응답하여 떠나게 된다.

소설 《야성의 부름》은 벅이라는 한 마리 개에 대한 책이다. 자신의 본능을 잊어버린 채 문명화되어 살고 있던 개가 알래스카라는 야생에 던져진 후 본래 가지고 있던 야성의 본능을 찾는 과정을 그렸다.

이 책을 쓴 작가가 바로 잭 런던 Jack London *이다. 1876년 미국 샌프란시스코에서 태어났으며 본명은 존 그리피스 채니 John Griffith Chaney 였다. 그러나 친부에게 거부당한 뒤 양아버지의 성을 따서

잭 런던

잭 런던이라는 이름을 얻었다. 선천적으로 모험을 좋아해서 기존 틀에 얽매이지 않고 많은 곳을 여행하며 다양한 경험을 쌓았다. 이후 대학에 들어갔으나 한 학기 만에 그만두고 글을 기고하며 본격적인 작품 활동을 하기 시작했다. 서서히 문단의 주목을 받다 자신의 경험을 바탕으로 쓴 《야성의

---

*　1876~1916. 미국의 소설가이자 저널리스트. 대표작으로 《야생의 부름》, 《화이트 팽》, 《강철 군화》가 있다.

부름》이 전 세계적인 베스트셀러가
되며 일약 미국 자연주의 문학의 계보
를 잇는 작가로 자리매김했다.

평소 자연을 좋아했던 잭 런던은 현재
의 글렌 엘렌Glen Ellen 마을 근처를 들
렀을 때 자신의 마음을 사로잡은 농
장을 발견하였다. 출간 첫해(1903년)

2020년 개봉된 〈콜 오브 와일드〉

1만 부를 시작으로 1909년 75만 부,
이후 세계 각국어로 번역되어 600만 부 이상의 판매고를 올린
《야성의 부름》덕에 계속해서 이 지역 농장에 투자를 늘려 갔다.
'달의 계곡Valley of the Moon [**]'에서 130에이커의 포도 농장으로 시
작한 이래 1905년부터 1916년까지 주변의 7개 농장을 매입하여
잭 런던 농장을 만들었다.

그러나 결실을 맺기도 전에 1916년 위와 장에 퍼진 요독증으로

[**] 소노마 밸리(Sonoma Valley)의 별칭이다. 소노마 밸리는 캘리포니아 마야카마
(Mayacamas)산맥과 소노마산 사이에 위치한 소노마 카운티의 와인 생산지이다. 캘리포
니아의 유명한 와인 산지인 나파 밸리보다 2배 이상 크다(100만 에이커, 약 1,200만 평). 캘
리포니아 와인 산업의 대부로 불리는 헝가리 출신 아고스톤 하라치(Agoston Haraszthy)가
1857년 부에나 비스타(Buena Vista)를 설립하면서 포도 재배가 본격화되기 시작했다. 그 후
유럽의 와인 생산자들이 몰려들기 시작했고 1920년경에는 이미 250개의 와이너리가 조성
되었다고 한다.

잭 런던은 40세에 갑작스럽게 요절하게 된다. 일각에서는 협동농장의 실패와 가정불화로 인한 과음과 건강 악화가 겹쳐 스스로 목숨을 끊었다고 보는 견해도 있다. 그의 죽음으로 농장이 어려움에 빠지기도 했으나, 같이 농장을 가꿔 온 이복누이 덕분에 명맥은 유지할 수 있었다. 그러나 결국 나라에 헌정해서 잭 런던 공원으로 만들어졌다.

잭 런던이 켄우드Kenwood와 인연을 맺게 된 것은 1970년대부터다. 이복누이의 증손자가 달의 계곡에 남아 있는 가족 명의의 포도밭에 포도나무를 심고, 거기에서 수확한 최상급의 포도를 바로 옆에 위치한 켄우드 농장에 독점 공급하는 계약을 맺은 것이다.

켄우드는 캘리포니아 소노마 밸리Sonoma Valley를 대표하는 와인 브랜드다. 켄우드의 포도밭은 사방이 산으로 둘러싸여 있고 포도밭 아래쪽에는 양조장이 자리 잡고 있는데, 그 속에는 와인을 숙성시키기 위한 1,400개 이상의 프랑스 · 미국산 오크통이 숨 쉬고 있다. 특히 농장에서 공급받은 포도를 선별적으로 분리 · 수확 · 관리하는 스몰랏small-lot 기술로 와인의 품질을 최상으로 유지하는 것으로 유명하다.

◆ 사람은 나락으로 떨어져 봐야 자신의 한계를 알 수 있다. 누군가는 좌절하고 절망하여 술과 도박으로 몸과 마음을 망치고 더 깊은 수렁으로 빠져 들어가고 만다. 반면 '얼마나 잘 되려고 이런 시련을 주나!' 하고 자신을 다독이면서 역경에 맞서 끝끝내 이겨 내는 사람이 있다. 이 와인은 본인이 감당하기 힘든 역경에 부딪친 이들에게 추천하고 싶다. 그래서 잭 런던 작가와 그의 소설 주인공 벅처럼 역경을 딛고 일어나 한 단계 성장할 수 있도록 마음을 다잡고 의지를 불태우기를 바란다.

켄우드 잭 런던

생산지	미국, 캘리포니아, 소노마 밸리Sonoma Valley
와인 타입	드라이, 풀 바디 와인
품종	다양한 품종 와인 생산
가격	5만 원대

폴 로저
Pol Roger
윈스턴 처칠의 와인

제2차 세계대전이 터지고 독일이 주변국들을 차례로 점령하여 승승장구하고 있을 때 미국과 영국을 주축으로 한 연합군 쪽으로 형세가 급격히 기울게 해 준 작전이 있다. 바로 독일이 점령하고 있던 프랑스령 노르망디Normandie 해안에 대규모의 연합군 부대가 침투하는 데 성공한 노르망디 상륙 작전이다. 이 작전으로 승기를 잡은 연합군은 파죽지세로 독일을 몰아쳐 결국 항복을 받아 내었다.

이 작전에 성공한 후 프랑스 주재 영국 대사관에서 축하 파티가 열렸다. 축하 파티에 승리를 기념하는 축하주로 '폴 로저Pol Roger' 샴페인이 준비되었다. 당시 영국 수상이었던 윈스턴 처칠Winston Churchill이 폴 로저 와이너리의 주인인 폴 로저 부인과 담소를 나눴다.

"저는 제가 사랑하는 샴페인의 본고장인 샹파뉴 지방을 늘 동경해

왔습니다. 또한 많은 레지스탕스 résistance [*]가 이 지역에서 활동했고 와이너리도 큰 역할을 했다고 들었습니다. 와인 지하 저장고에 레지스탕스들과 그들의 무기를 은닉해 주었다는데, 여사님께서도 그들을 돕기 위해 두 손 두 발 다 걷어붙이고 뛰어다니셨다면서요?"

윈스턴 처칠과 폴 로저 부인

폴 로저 부인이 화답했다. "나라를 지키기 위해 목숨을 걸고 전쟁터에서 싸우는 수많은 젊은 청년들이 있습니다. 저는 그저 제가 보탤 수 있는 작은 힘을 보탰을 뿐이에요. 그건 그렇고 평소 수상님께서 샴페인을 즐겨 드신다는 얘기를 들었어요. 특히 저희 샴페인을 사랑해 주신다고 하니 정말 감사드립니다."

"아닙니다. 제 입맛은 아주 단순합니다. 저는 최고에 쉽게 만족합니다. 1908년 젊은 시절 폴 로저를 맛본 후 평생 이 맛에 반해 점심, 저녁으로 하루에 2병씩 마시고 있습니다. 오늘 같은 승리의 순간에 샴페인은 당연하지만 그건 패배의 순간도 마찬가지입니다. 맛있는 샴페인을 만들어 주셔서 오히려 제가 감사드립니다."

---

[*] 제2차 세계대전 당시에 나치의 점령에 저항하여 유럽, 특히 프랑스에서 일어난 지하 운동 및 단체. 프랑스어로는 저항을 뜻한다.

처칠의 폴 로저 사랑은 남달랐다. 자신이 소유한 경주마의 이름을 '폴 로저'라고 지었을 정도다. 와이너리의 주인인 폴 로저 부인은 제2차 세계대전 당시 자국을 위해 레지스탕스를 돕는 등 직접 첩보 활동을 하기도 했다. 그래서 윈스턴 처칠은 폴 로저 샴페인 이상으로 폴 로저 가족을 끔찍이 아꼈다.

물론 처칠에 대한 폴 로저의 사랑도 그에 뒤지지 않았다. 처칠을 위해 따로 샴페인병을 제작하여 2만 병의 와인을 따로 보관하기도 했으며 1965년에 그가 세상을 떠났을 때는 샴페인의 병목에 검은 리본을 달아 그의 죽음을 애도했다. 또한 사망 10년 후에는 최고의 샴페인에 '폴 로저 퀴베 써 윈스턴 처칠Pol Roger Cuvée Sir Winston Churchill'이라는 이름을 붙여 존경심을 표현했다.

폴 로저는 21세기 들어 '영국 왕실 와인' 칭호를 얻는 계기를 맞게 된다. 2004년 1월부터 영국 엘리자베스 2세Elizabeth II 여왕의 공식 샴페인 공급처로 지정되어 폴 로저의 모든 샴페인에 '왕실 인증서'를 공식 마크로 부착하게 된 것이다. 게다가 왕자와 평민 아가씨의 세기의 결혼식으로 유명했던 2011년 윌리엄William 왕자와 케이트 미들턴Kate Middleton 의 결혼식에서 웨딩 샴페인 하우스로 선정되며 영국 왕실 와인이라는 애칭을 확인시켜 주었다.

폴 로저 와이너리는 1849년 프랑스 에페르네Epernay 마을에 설립되었다. 샴페인 제조 과정에서 반드시 필요한 르뮈아주remuage(병 돌리기)를 현재까지도 수작업으로 진행하는 유일한 샴페인 하우스로 유명하다. 흔히 우리가 알고 있는 돔 페리뇽, 레어 등의 고급 샴페인과 비교해도 손색이 없을 만큼 지속적이고 섬세한 기포가 마시는 내내 감동을 선사한다. 또한 시트러스 향을 비롯한 감귤류의 과실 향이 코를 자극하며 몇몇 고급 샴페인이 보여 주는 도드라진 산미 대신 완벽한 맛의 밸런스를 보여 주는 것이 특징이다.

♦ 영국 왕실에서 그러했듯 격식 있는 공식 행사에 어울리는 샴페인이다. 고급 레스토랑이나 호텔 연회장 등에서 환영 리셉션으로 제공하면 한층 격조 높은 인상을 줄 수 있다. 물론 다양한 기념일이나 파티 등을 더욱 고급지고 특별하게 해 줄 와인으로도 추천하고 싶다.

폴 로저

생산지	프랑스, 샹파뉴Champagne
등급	Champagne AOC
와인 타입	브뤼 와인
품종	피노 누아 60%, 샤르도네 40%(2013년 빈티지)
가격	10만 원대 중반

뵈브 클리코
Veuve Clicquot
버지니아 울프

버지니아 울프* ─────

1940년 7월 25일

우울증이 심해지고 있다. 봄에 시작된 우울증이 점점 자라나서 여름이 되면 광기가 되어 버릴 지경이다. 그러나 가끔 이 와인을 마시면 조금은 우울함이 잠잠해지는 느낌을 받는다. 아마도 이 와인은 내가 동경하는 여인이 만든 와인이기 때문일 것이다.

---

* 1882~1941. 본명은 애덜린 버지니아 스티븐(Adeline Virginia Stephen)으로 영국 런던에서 태어났다. 20세기를 대표하는 모더니즘 작가로 의식의 흐름 기법을 고안한 선구자다. 비평가이자 사상가였던 아버지의 영향으로 작가가 되었으며 어머니의 갑작스러운 사망 후 정신 질환 증세를 보이기 시작했다. 평생에 걸쳐 정신 질환을 앓으면서도 꾸준히 작품 활동을 이어 갔으나 결국 자살로 삶을 마감했다. 영국 최초의 페미니스트이자 전쟁에 반대하는 평화주의자로도 알려져 있다.

내 책(자기만의 방)에도 썼듯 여성은 박쥐나 올빼미처럼 살고, 짐승처럼 일하며 벌레처럼 죽는다. 지금도 이러할진대 19세기 초 여성들이 사회적으로 어떤 일을 한다는 것은 더욱 힘들었을 것이다. 그래서 나는 그녀가 더욱 존경스럽다.

버지니아 울프

1941년 2월 8일

오늘도 이 와인과 함께하고 있다. 창작의 고통을 참아 내기 너무 버겁다. 나의 창작 능력이 자꾸 쇠퇴하는 것 같아 미쳐 버릴 지경이다. 여기저기 환청이 들리고 전쟁 중 폭격으로 무너진 우리 집에 내가 피 흘리며 쓰러져 있는 모습이 보인다. 이럴 때 이 와인을 마시면 그래도 좀 살 것 같다. 적절한 산미와 가슴이 뻥 뚫리는 이 청량감! 역시 샴페인은 뵈브 클리코Veuve Clicquot가 최고다.

1941년 3월 28일

사랑하는 여보, 내가 미쳐 가고 있음을 확신해요. 이 끔찍한 시간을 견디기 어려워요. 다시 회복될 것 같지 않아요. 당신은 내게 가장 큰 행복을 주었어요. 만약 이 끔찍한 병만 아니었다면 우리보다 더 행복한 사람은 없었을 거예요. 내가 당신의 삶까지 망치고 있다는 것을 알아요. 더 이상 당신의 삶을 망치게 둘 수는 없어요. 우리보다 더 행복했던 사람은 없을 거예요.

...

1941년 3월 28일, 아직 얼굴에 스치는 바람이 차가운 이른 아침. 중년의 한 여인이 영국의 우즈Ouse강을 물끄러미 바라보다가 돌멩이를 주워 코트 주머니에 넣고는 강을 향해 들어간다. 버지니아 울프는 이렇게 자살로 삶을 마감한다.

여성의 사회 활동이 극히 제약되었던 1800년대 초, 마담 클리코 Madame Clicquot[*]는 겨우 27살의 나이에 과부(프랑스어로 'veuve') 가 되고 만다. 당시 남편 프랑수아François는 그의 아버지와 와인 사업을 운영하고 있었다. 그녀는 비록 와인 생산에 대한 지식이나 경험이 전무했지만 남편의 죽음으로 시름에 빠지는 대신 시아버 지인 필리프 클리코Philippe Clicquot가 설립한 샴페인 하우스를 맡 아 일을 하기로 결심한다.

그녀는 품질 관리에 신경 쓰는 한편, 기존 방식에 얽매이지 않 고 자신만의 방식으로 샴페인을 제조했다. 첫째, 샴페인병을 특 정 각도에 놓고 병 안에 남아 있는 이물질을 제거하는 '르뮈아주 remuage' 기법을 개발했다. 둘째, 시그니처 와인이라 할 수 있는 뵈 브 클리코 로제 샴페인을 자신만의 방식으로 완성했다. 즉, 화이 트 샴페인에 엘더베리 혼합물Elderberry Mixture로 색을 내던 기존 방 식에서 벗어나, 피노 누아 품종으로 만든 레드 와인과 블렌딩하는 혁신적인 방식을 개발했다.

---

* 1777~1866. 본명은 바르브 니콜 퐁사르댕(Barbe-Nicole Ponsardin). 프랑스 랭스(Reims) 지 역에서 섬유 제조업을 하는 가문에서 태어났다. 21살 되던 해 와인 사업을 하던 프랑수아 클 리코와 결혼했으나 남편이 사망하면서 27살 때부터 클리코 하우스를 맡아 와인을 생산하기 시작한다. 세계 최초의 국제 여성 사업가 중 한 명으로 꼽히며, 전 세계에 샴페인을 퍼뜨린 인 물이기도 하다.

마담 클리코

그녀의 노력 덕분에 유럽 왕실과 귀족들 사이에서 인기를 끌기 시작했으며 계속 성장을 거듭해서 그녀의 샴페인 브랜드인 뵈브 클리코Veuve Clicquot는 세계적인 명성을 얻게 되었다. 19세기 당시 마담 클리코가 여성 사업가로 성공한 것은 아주 드문 케이스였다.

누구도 하지 못하는 혁신과 대담함 그리고 추진력으로 수많은 '최초'를 만들며, 와인 사업에서 성공을 거둔 것은 물론이고 역사적으로 큰 획을 긋게 된다. 비단 개인의 성공을 넘어서 여성들도 사업가로서 중요한 역할을 할 수 있음을 증명해 보였던 것이다.

뵈브 클리코 샴페인은 1987년 LVMH 그룹*에 인수되면서 명품

---

*   루이비통, 디올, 펜디 등의 패션 명품뿐 아니라 시계, 보석, 화장품의 고가 브랜드와 모엣 샹동, 돔 페리뇽, 샤토 디켐 등의 고급 와인을 소유하고 있는 그룹이다. LVMH는 루이비통(LV), 모엣 샹동(M), 헤네시(H)의 약자를 합친 글자다.

브랜드 중 하나로 자리매김했다. 모엣 샹동Moët & Chandon, 돔 페리 뇽Dom Pérignon과 함께 세계 3대 샴페인으로 꼽히며 매년 전 세계적으로 2200만 병 이상 판매되고 있다.

♦ 버지니아 울프가 실제로 뵈브 클리코를 즐겼다는 기록은 없다. 다만 그녀의 작품에는 와인이 자주 언급되며 그녀 역시 예술가 및 지식인들과 어울리는 사교 모임이 많아 와인을 즐겼을 것으로 생각된다. 시대를 앞서간 두 여성, 마담 클리코와 버지니아 울프는 공통점이 많다. 남녀의 직업적 차별과 벽이 허물어진 것은 이미 오래전 일이다. 그러나 신체적 차이 등을 이유로 남성이 주류를 이루고 있는 분야도 여전히 존재한다. 그런 한계를 뛰어넘어 용기 있게 도전하고 적극적으로 자신의 영역을 개척하는 대담한 여성들에게 이 와인을 추천하고자 한다.

뵈브 클리코

생산지	프랑스, 샹파뉴Champagne
등급	Champagne AOC
와인 타입	브뤼 와인
품종	피노 누아 52%, 샤르도네 30%, 피노 뮈니에 18%
가격	7만 원대

디히터트라움 리슬링 젝트
Dichtertraum Riesling Sekt
자유의 나무

괴테 ————

나에게는 꿈이 있다. 자유와 평화! 유럽 전역이 전쟁 없이 서로 평화롭게 왕래하는 꿈!

내 나이 17살에 훗날 미국 독립전쟁으로까지 여파가 이어진 범세계적 전쟁인 프로이센과 오스트리아의 7년 전쟁이 벌어졌었다. 이후 프랑스 혁명과 나폴레옹의 흥망성쇠를 목도하고 빈 회의로 인한 유럽의 격변까지 모두 경험했다. 전쟁은 나쁘다. 어떤 이유로든지 인간이 보이지 말아야 할 밑바닥을 보여 주고 사람이 사람을 죽여야 하는 전쟁은 사라져야 한다.

이처럼 전쟁을 증오하지만 나 역시 전쟁에 참여한 적이 있었다. 프랑스 혁명이 일어난 후 혁명의 확산을 우려한 오스트리아·프로이

자유의 나무

센 동맹과 프랑스 혁명군 사이에 벌어진 전쟁에 참전했고, 그곳에서
군주제 세력의 패배를 목격한 것이다.

전쟁 후 고향으로 돌아오는 길에 모젤Moselle 강 인근의 셍겐
Schengen 마을을 지나가게 되었다. 마치 꿈속처럼 평화롭고 고즈넉
하며 아름다운 이 마을의 풍경은 전쟁과 너무나 대비되었다. 마치 이
곳이 내가 찾던 자유의 땅, 평화의 땅인 것만 같았다.

나는 즉시 펜을 들어 그림을 그리기 시작했다. 마을의 아름다운 풍
경을 배경으로 마을 가운데에 자유의 나무를 그려 넣었다. 그리고
"지나가는 이웃들이여, 이 땅은 이제 자유의 땅입니다!" 이라는 말을
새겨 넣었다.

괴테*는 프랑스 혁명(1789년) 이후 벌어진 1792년 발미Valmy 전투에 참여했다가 독일로 돌아오는 길에 룩셈부르크 솅겐 마을의 아름다운 풍경에 감동받아 '자유의 나무'를 그려 넣은 작품을 탄생시켰다. 이를 통해 프랑스 혁명이 표방하는 자유를 지지하고 유럽의 평화를 기원했다. 그리고 실제로 이곳에서 193년 뒤인 1985년 솅겐 조약이 체결된다. 이 조약으로 유럽 5개국이 어떠한 제약도 없이 서로 자유롭게 나라를 오갈 수 있게 되었고, 다른 유럽 지역에도 확대되어 지금은 대부분의 유럽 국가가 시행하고 있다.

그리고 1992년 독일 모젤 지역 최고의 젝트 생산자 SMW가 프랑스 혁명과 괴테를 기념하는 디히터트라움Dichtertraum 와인을 내놓았다. 디히터트라움은 독일어로 '시인의 꿈'이라는 뜻으로, 시인은 다름 아닌 괴테다. 이 와인의 레이블에는 괴테의 실루엣과 그가 그린 '자유의 나무**' 그림이 그려져 있다. 이 그림은 뒤셀도르프에 있는 괴테 박물관의 허가를 받아 사용할 수 있게 되었다. 또

---

* 요한 볼프강 폰 괴테(Johann Wolfgang von Goethe) 1749~1832. 독일 프랑크푸르트 암에서 태어났으며 8세에 시를 짓고 13세에 첫 시집을 내는 등 신동으로써의 면모를 보였다. 이후 독일의 대표적인 소설가이자 시인으로 명성을 높였고 신학과 철학 그리고 과학에도 조예가 깊었다. 또한 유능한 관료이며 탁월한 인격자로도 존경을 받았다. 평생의 역작인 파우스트를 탈고한 후 1년 뒤 83세의 나이로 세상을 떠났다. 우리에게 가장 잘 알려진 작품으로는 《젊은 베르테르의 슬픔》,《파우스트》 등이 있다.

** 프랑스 혁명이 있었던 시기에 각 마을의 어귀에 세워진 일종의 상징물이다.

셍겐

한 레이블에 길게 빨간색 사선을 그려 넣은 것은 괴테가 붉은색을 가장 좋아했기 때문이라고 한다.

SMW는 'Saar-Mosel-Winzersekt[***]'의 약어로, 자르강과 모젤강 지역에서 생산되는 고급 젝트(스파클링 와인의 독일식 명칭)를 의미한다. 1983년 이 일대에서 혁신적인 생각을 가진 32개의 와

[***] Winzersekt는 탱크 방식으로 대량 생산되는 젝트와 구분하기 위해 쓰이는 개념으로 전통 방식으로 젝트를 생산한다.

크리스마스 와인

이너리가 모여서 만든 단체로 전통적인 스파클링 제조 방식을 고수하며 수작업의 와인 선별 작업을 거쳐 젝트를 생산하고 있다. 현재는 약 130여 개의 와이너리가 회원으로 등록되어 있을 정도로 거대한 협동조합 방식의 와인 생산 단체다. SMW가 지금의 명성을 얻는 데에는 SMW 대표로 있는 아돌프 슈미트Adolf Schmidt* 회장의 역할이 절대적이었다. 디히터트라움을 비롯하여, 2012년부터 출시되어 공전의 히트를 치고 있는 '크리스마스 와인'도 그의 작품이다.

디히터트라움은 모젤강 지역의 미네랄이 풍부한 곳에서 재배되어 젝트 생산에 알맞은 포도로 만들어진다. 리슬링 품종이 가지는 기본적인 과일 향이 도드라지며 탄산과 함께 산도가 있기 때문에 마시는 내내 신선한 느낌을 선사한다.

---

* SMW의 설립자이며 독일 스파클링 와인인 젝트의 고급화를 이끈 인물이다. 지금은 독일 모젤와인협회 명예회장으로 활약 중이다.

♦ 괴테가 말하는 거시적인 의미에서의 자유와 평화는 오래전 실현된 듯
싶다. 그러나 개개인의 삶을 들여다보면 영원한 자유는 요원해 보인다.
특히 직장인들의 하루는 속박과 해방의 쳇바퀴다. 출근해서 정해진 시
간에 정해진 업무를 하며 정해진 밥값을 해야 한다. 퇴근을 해야 조금
의 자유가 허락될 뿐이다. 일터에서 전쟁 같은 하루를 보내며 고생한
이들이 이 와인을 마시며 잠시나마 자유를 만끽했으면 한다.

디히터트라움 리슬링 젝트

생산지	독일, 모젤Mosel
등급	Winzersekt
와인 타입	레스 드라이 와인
품종	리슬링 100%
가격	3만 원대 중반

몰리두커 더 복서
Mollydooker, The Boxer
왼손잡이 와인

사라 마키스 부인 ────

우리 부부는 둘 다 왼손잡이예요. 저희 부모님도 왼손잡이셨죠. 20세기까지 왼손잡이는 차별을 당했고 고쳐야 할 교정의 대상으로 인식되었어요. 도구는 대부분 오른손잡이를 위해 만들어졌고, 악수를 하는 등 사회적 관습의 대부분은 오른손이 기준이었죠. 그래서 어쩔 수 없이 밥 먹고 글 쓰는 것은 오른손으로, 공을 던지거나 다른 일상생활을 할 때는 왼손으로 하는 양손잡이도 많이 생겼어요. 단어 자체에도 오른쪽right 은 옳다, 왼쪽left 은 그르다는 뜻이 담겨 있어요.

그러나 21세기 들어와서 개성이 존중받는 시대가 도래하며 왼손잡이에 대한 인식이 조금씩 바뀌기 시작했어요. 소수인 관계로 일상생활의 불편함은 불가피하지만, 왼손잡이의 장점이 점점 부각되고 있어요. 어떤 장점이 있을까요?

오른손잡이는 좌뇌를 발달시키고 왼손잡이는 우뇌를 발달시킨다는 의견에는 갑론을박이 있어요. 하지만 왼손잡이는 다른 뇌의 활동을 활발히 돕기 때문에 창의적이고 예술적 능력이 뛰어나다는 점에는 대부분 동의해요. 또한 예측이 어려워 순간 판단력과 멀티 능력이 요구되는 야구나 테니스, 권투 같은 스포츠에서는 왼손잡이가 유리하죠. 게다가 여러 이유로 왼손잡이는 양손을 모두 사용할 줄 아는 경우가 많아서 손의 활용도가 몇 배로 높아요.

전 세계적으로 왼손잡이 비율은 약 10%로 추정된다고 해요. 이런 수적 열세에도 불구하고 사회적으로, 예술적으로 큰 업적을 남긴 인물들이 많아요. 미국 대통령의 16%가 왼손잡이이며 영국의 엘리자베스 2세 여왕도 왼손잡이였어요. 그 외에도 람세스 2세, 알렉산더 대왕, 레오나르도 다빈치, 미켈란젤로, 나폴레옹, 잔 다르크, 베토벤, 뉴턴, 아인슈타인, 스티브 잡스, 빌 게이츠, 채플린, 오프라 윈프리 등도 모두 왼손잡이죠.

그래서 난 왼손잡이 와인을 만들기로 했어요. 정말 특별한 와인을 만들 거예요.

몰리두커Mollydooker는 호주 사투리로 왼손잡이를 뜻한다. 2005년 몰리두커 와이너리를 만들어 첫 빈티지 와인을 출시한 사라 Sarah와 스파키 마키스Sparky Marquis 부부는 이미 1999년 올해의 호주 와인 메이커로 선정된 유명한 와인 컨설턴트였다. 그들은 둘다 왼손잡이였고 그 부모도 왼손잡이였다는 것에 착안해서 몰리두커라는 이름의 와이너리를 만들게 되었다.

몰리두커는 왼손잡이답게 다른 와이너리와 차별화를 선언하며 자신만의 독특한 와인 양조 방식을 고집하고 있다. 첫째, 와인의 산화를 막기 위해 대다수의 와이너리가 첨가하는 이산화황 대신 질소 기체를 넣는다. 이는 인체에 무해하며 와인을 오래 보존할 수 있다. 둘째, 포도의 품질은 포도를 입안에 넣어 혀로 직접 측정한다. 셋째, 수분을 충분히 준다. 일반적으로 와인용 포도나무는 수분이 적어야 질 좋은 와인을 생산한다는 믿음이 있지만, 수분을 충분히 공급해 수분 스트레스를 최소화하는 데 집중한다.

몰리두커가 유명세를 타기 시작한 것은 '카니발 오브 러브Carnival of Love' 와인이 로버트 파커로부터 높은 점수를 받으면서부터다. 이 와인을 시작으로 몰리두커의 와인들이 대중의 사랑을 받기 시작했다.

몰리두커 와인은 만화같이 개성 있고 재미있는 레이블 그림으로

몰리두커의 개성 있고 재미있는 와인 레이블
상단 왼쪽부터 미스 몰리, 스쿠터, 카니발 오브 러브, 블루 아이드 보이, 바이올린

도 유명하다. 대부분의 그림이 와이너리 창시자 부부의 사연을 담고 있다. 와이너리를 만든 스파키 마키스는 젊은 시절 복서로 활동했다. 이에 착안하여 '더 복서The Boxer'라는 이름의 와인이 탄생했다. '블루 아이드 보이Blue eyed Boy'는 말 그대로 파란 눈의 아이라는 뜻인데 부부의 아들이 어린 시절 포도를 밟고 있는 모습을 레이블에 그대로 담았다. '미스 몰리Miss Molly'는 사라가 춤추는 모습을, '더 스쿠터The Scooter'는 부부가 연애 시절 스쿠터를 타던 모습을, '바이올리니스트Violinist'는 사라가 어린 시절 왼손으로 연주하던 모습을 담았다.

무엇보다 몰리두커는 자선 사업을 통한 선한 영향력을 널리 전파하고 있다. 기간을 정해 두고 특정 와인에서 발생한 수익의 50%를 기부한다. 혹여 기부가 홍보의 수단이 되지 않게끔 특정 와인과 판매 기간을 공개하지 않는 배려도 보여 준다. 몰리두커 와인이 짧은 시간에 대중적인 와인으로 성장한 이유들이다.

더 복서는 몰리두커에서 가장 유명하고 생산량도 많은 와인이다. 권투 선수를 그린 레이블은 멀리서 보더라도 한눈에 몰리두커의 와인임을 알아볼 수 있다. 재미있는 점은 권투선수가 양손 모두 왼손용 글러브를 끼고 있다는 점이다.

♦ 당연하게도 이 와인은 왼손잡이에게 추천하고 싶다. 지금은 왼손잡이에 대한 편견이나 선입견이 거의 없어졌다. 오히려 왼손잡이기 때문에 장점을 갖는 분야도 많아졌다. 왼손잡이들의 약진과 성공이 이어지길 기원하며 이 와인을 추천한다.

몰리두커 더 복서

생산지	호주, 사우스 오스트레이리아South Australia, 맥라렌 베일McLaren Vale
와인 타입	드라이 와인
품종	시라지 100%
가격	3만 원대 후반

텍스트북
Textbook
와인의 교과서

기자	고급 와인의 대명사인 미국의 '오퍼스 원Opus One'과 호주의 '펜폴즈Penfolds'에서 양조를 담당했던 와인업계의 거목 조너선 페이와의 인터뷰를 진행하겠습니다. 안녕하세요? 새로운 와인을 만들고 계시다고 들었는데, 혹시 와인을 만드는 철학이 있나요?
조너선 페이	모든 와인 메이커들은 나름의 철학이 있다고 생각합니다. 제 철학은 '기본에 충실하자.'입니다. 예를 들어, 뛰어난 실력을 자랑하는 유명 셰프들에게 요리의 비결에 대해 질문해 보면 재료의 신선함을 첫째로 꼽는 경우가 많습니다. 재료 본연의 맛을 살릴 수 있는 요리 비법이

가장 중요하다는 것이죠. 와인도 결국은 포도로 만드는 요리라고 생각한다면, 재료가 가장 중요한 것이겠죠.

기자 맞는 말입니다. 결국은 계절에 맞는 신선한 재료가 있어야 요리 맛이 제대로 살아나고 기본이 탄탄해야 창의적인 응용도 가능한 것이니까요.

조너선 페이 그래서 저는 맛있는 포도가 자랄 수 있는 자연환경에 많은 부분을 투자합니다. 결국은 좋은 테루아르에서 자란 포도가 좋은 와인을 만들기 때문입니다. 그리고 좋은 포도를 수확한 후에는 교과서처럼 기본에 충실해서 와인을 만듭니다.

기자 예, 감사합니다. 질문 하나에 저희가 궁금했던 모든 답을 하신 것 같습니다. 아무쪼록 이번에 본인의 이름을 걸고 만든 텍스트북Textbook 와인도 소비자의 좋은 반응이 있기를 바랍니다.

조너선 페이의 철학은 그의 인터뷰에 그대로 녹아 있다. "제가 배운 게 있다면 비싼 와인이 좋은 식사 경험을 보장하지 않는다는 거예요. 내 입에 좋은 와인을 내 입에 맛있는 음식과 내가 좋아하는 사람과 함께 마시는 경험, 그게 좋은 와인 그 자체라고 생각해요." 고가의 와인을 만드는 와이너리에서 일했던 조너선 페이가 중저가 브랜드인 텍스트북Textbook을 만든 이유다.

와인의 교과서를 만들고 싶다는 취지에서 텍스트북이라고 이름 지어진 이 와이너리는 나파 밸리 프리미엄 산지인 오크빌Oakville을 중심으로 와인을 생산한다. 2004년 설립되어 비교적 역사가 짧은 데도 불구하고 2020년에는 연간 30만 병까지 생산할 정도로 비약적으로 성장했다. 로버트 파커가 "모든 소비자가 주목해야 하는 진정한 와이너리, 캘리포니아 와인의 정석, 나파 와인의 보석과도 같은 생산자"라고 극찬을 아끼지 않았을 정도다.

텍스트북은 세계적인 컬트 와인으로 알려진 스크리밍 이글Screaming Eagle, 할란 에스테이트Harlan Estate, 오퍼스 원Opus One의 포도밭과 이웃하고 있다. 부르고뉴 지역의 피노 누아 와인은 지역 이름만으로도 퀄리티가 보장되듯 텍스트북도 포도 품질에는 의심의 여지가 없다는 뜻이다. 텍스트북의 모든 와인은 바이오다이내믹Biodynamic 농법으로 생산되며, 까다롭기로 소문난 유기농 인

증인 'CCOF California Certified Organic Farmers' 증서를 받을 만큼 친환
경적인 와인이다.

이처럼 텍스트북을 성공시킨 조너선 페이는 2019년 일본 기린
맥주 회사에 텍스트북 와이너리를 매각하고 프랑스 부르고뉴의
보졸레Beaujolais 마을로 이사했다. 지금은 수령이 70년 된 포도원
4에이커를 구입해 가메Gamay 와인을 생산하고 있다.

> ◆ 10세의 천재 바이올리니스트 김연아 양은 타고난 재능 이상의 노력을
> 하는 것으로 알려졌다. 하루 6시간씩 바이올린 연습을 하고 잘 되지 않을
> 때는 10시간까지 매진한다고 한다. 그중 가장 많은 시간을 투자하는 부분
> 이 바로 '기본기 다지기'이다. 가장 중요하지만 가장 하기 어려운 것 또한
> 기본에 충실한 것이다. 어떤 분야든 난항을 겪고 있어 기본부터 다시 시
> 작해야 할 분들께 이 와인과 함께하며 그 의미를 되짚어 보기를 권한다.

텍스트북

생산지	미국, 캘리포니아, 나파 밸리Napa Valley
등급	Napa Valley AVA
와인 타입	드라이, 풀 바디 와인
품종	다양한 품종 와인 생산
가격	6만 원대

코노 수르 비시클레타
Cono Sur Bicicleta
자전거 와인

어느 와이너리의 직원 ───────

포도를 수확해서 한곳에 모아 두었다. 와인 창고까지는 거리가 꽤된다. 트럭으로 한 번에 모아서 옮기면 좋겠는데 이 와이너리 내에서는 자동차 이용이 금지되어 있다. 그래서 와인을 만든 후 와인병을 창고에 모아 두는 것도 모두 자전거를 이용한다. 처음에는 당연히 불만이 많았다. 탄소 배출을 0으로 만들겠다는 의지는 알지만 몸이 피곤했다.

그러나 시간이 지나면서 이런 방침이 그저 와인만을 위한 것이 아니라는 사실을 깨달았다. 아무래도 자동차를 이용하지 않으니 와이너리 내 공기는 그야말로 청정하다. 공해나 매연이 조금도 없다. 더군다나 자전거를 타고 이동하니 건강에도 좋다.

우리는 또한 화학 비료나 제초제 등을 사용하지 않는다. 화학 비료 대신에 수확 후 남은 가지들을 비료로 만들어 쓰고 있다. 또한 포도 나무에 해로운 벌레는 해충이 싫어하는 꽃을 심어 접근하지 못하게 하고, 그래도 모여드는 해충은 거위들을 풀어서 잡아먹게 한다. 이처럼 자연 친화적 방식을 사용하면 몸에 이로운 와인을 생산할 수 있을 뿐더러 와이너리에서 일하는 우리 건강에도 이롭다.

와인 레이블에 그려진 자전거는 이 와인이 얼마나 자연 친화적인 지를 함축적으로 말해 주는 상징 그 자체다.

코노 수르는 스페인어로 '남쪽의 뿔'이란 뜻으로, 제조사의 이름이기도 하다. 1993년 고품질, 지속 가능성, 혁신이라는 3가지 기치를 내걸고 콜차과 밸리Colchagua Valley 내 침바롱고Chimbarongo 라는 지역에서 시작한 와이너리로 칠레의 국민 와인 기업인 콘차 이 토로Concha y Toro 의 자회사다.

코노 수르 와이너리 내에서 직원들은 모두 자전거로 이동하며, 이동을 용이하게 하기 위해 가벼운 무게의 와인병을 사용하고 있다. 1998년 유기농 재배를 시작해서 친환경 와이너리 경영을 실천하고 있다. 친환경 · 유기농 방식으로 재배한 포도는 당분이 더욱 농축돼 있어 와인에서도 다양한 맛과 향을 끌어낼 수 있다. 또한 양질의 포도 없이는 고품질의 와인이 생산될 수 없기 때문에 포도밭의 품질에 대해서 꾸준히 주의를 기울이고 있다. 이러한 노력은 포도밭 관리를 넘어서 주변의 주민 · 마을 · 자연까지 돌본다. 결국 2007년 와이너리 세계 최초로 탄소 배출 0%carbon neutral 인증을 받았으며 2021년에는 글로벌 ESG(환경 · 사회 · 지배 구조) 평가 지표로 꼽히는 '비콥B-Corp 인증'까지 획득했다.

'코노 수르 20배럴' 와인은 1996년 최고의 피노 누아를 엄선해 20배럴 분량만 한정적으로 만들기 시작하면서 탄생한 리미티드 에디션Limited Edition 이다. 이후 1997년 카베르네 소비뇽, 1998년 메를로, 2002년 샤르도네, 2005년 소비뇽 블랑, 2008년 시라 등 다양한 품종의 와인을 생산하고 있다. 국내에는 2007년 처음 수입이 시작되었으며 한국은 전체 코노 수르 수출의 약 2%를 차지하지만 잠재력 있는 국가 11곳 중 한 곳으로 평가받는다.

◆ 햇살 좋은 봄날, 연인이 함께 한강에 나와 자전거를 탄다. 조금 힘들 즈음 한강 공원에 돗자리를 깔고 누워 '자전거 탄 풍경'의 〈너에게 난, 나에게 넌〉을 듣는다. 그리고 노래를 안주 삼아 코노 수르 와인 한잔을 곁들인다. 이보다 더 싱그럽고 풋풋한 데이트가 어디 있겠는가!

코노 수르 비시클레타

생산지	칠레, 센트럴 밸리Central Valley
와인 타입	드라이, 풀 바디 와인
품종	다양한 품종 와인 생산
가격	2만 원대

로버트 몬다비
Robert Mondavi
미국 와인의 역사

로버트 몬다비 ————

나는 내 얘기를 하고자 한다. 조금 과장하자면 나의 얘기가 미국 와인의 역사이기도 하기 때문이다. 그러나 내 이름을 들으면 조금은 수긍할 수 있다. 나는 로버트 몬다비 Robert Mondavi 다.

1910년대 이민자들이 대거 유입되던 시기의 이탈리아 이민자 출신으로 1913년 미네소타주 버지니아에서 출생했다. 10대 때 가족이 캘리포니아로 이사를 왔고 나의 아버지는 그곳에서 과일을 포장 및 수송하는 회사를 창업하면서 미국 동해안 지역을 대상으로 와인용 포도를 출하했다. 자연스럽게 아버지가 하는 일을 보면서 와인에 관심을 가지게 되었다.

그곳에서 고등학교를 졸업한 후 스탠퍼드 대학교에 입학했으나 부친의 권유로 중퇴하고 본격적으로 와인 공부를 시작하게 되었다. 단기 코스로 버클리 대학에서 공부한 후 캘리포니아 대학에서 와인 양조를 전문적으로 공부했다. 1937년 졸업과 동시에 나파 밸리에 있는 세인트 헬레나에서 벌크 와인bulk wine (대량 생산·판매되는 와인)을 생산

로버트 몬다비

하는 일부터 차근차근 실무 경험을 쌓았다. 그리고 1943년, 아버지를 설득하여 거의 100년에 가까운 역사를 지닌 '찰스 크루그Charles Krug' 와이너리를 인수한 후 동생 피터Peter와 함께 나파 밸리에서 가장 잘나가는 와이너리로 성장시켰다.

그러나 나에게는 채워도 채워도 해소되지 않는 갈증이 있었다. 그것은 유럽에 뒤쳐지지 않는 고품질의 와인을 만들고 싶다는 열망이었다. 결국 동생과 함께 23년간 운영했던 가족 와이너리를 뛰쳐나와 1966년 '로버트 몬다비'라는 독립적인 와이너리를 설립했다. 이때부터 내가 꿈꿔 왔던 와인을 만들기 시작했다. 어쩌면 나의 진정한 성공은 독립을 한 53세 이후에 이뤘다고 봐도 무방하다.

내 입으로 말하기 부끄럽지만 내가 이룬 업적은 결코 작지 않다. 와인 생산 방식의 혁신을 가져왔다고 자부한다.

로버트 몬다비 와이너리

첫째, 유럽의 전통 방식에 미국의 기술을 접목하여 새로운 제조 방식을 도입했다. 저온 발효 기법과 스테인리스 탱크를 도입했으며 독자적인 와인병을 고안했다. 레이블에 품종의 이름을 기입하여 유럽 레이블과 차별화를 두었으며 환경 보호를 위해 PVC 포일 사용도 제한했다.

둘째, 기존 마케팅 방식에서 탈피해 음악, 미술 등 다양한 예술과의 컬래버레이션collaboration을 통해 새로운 가치를 창출했고 교육과 여행 등을 접목시켜 새로운 플랫폼으로 개발시켰다. 와인을 단순히 술이 아닌 하나의 문화 영역으로 승화시켰다.

셋째, 세계적인 명품 와인들을 세상에 내놓으며 미국 와인을 유럽의 와인 종주국들과 어깨를 나란히 할 수 있는 반열에 올려놓았다. '서로가 머리를 맞대고 심혈을 기울여 만들어 낸 작품 하나'라는 의미의 '오퍼스 원Opus One'을 프랑스 보르도 명가인 무통 로칠드Mouton Rothschild와 합작하여 1979년 탄생시켰다. 이를 필두로 슈퍼 투스칸의 대표 격인 '루체Luce'를 이탈리아 프레스코발디Frescobaldi 가문과, 칠레 명품 와인인 '세냐Seña'를 칠레 에라주리즈Errázuriz사와 함께 합작하여 탄생시켰다.

물론 2004년 경영의 어려움으로 회사가 매각되긴 했지만 여전히 내 이름과 와인을 만드는 나의 철학 그리고 실제적인 생산 방식들은 그대로 유지되고 있다. 나는 로버트 몬다비다.

94세 나이로 건강하게 생을 마감한다는 것은 축복이다. 또한 자신이 하고 싶은 일에 모든 열정과 시간을 쏟아부을 수 있고 그 일에서 성공을 거둔다면 그것보다 더 축복받은 삶은 없다.

로버트 몬다비는 미국 와이너리의 대부이자 미국 와인, 그중에서도 캘리포니아 나파 밸리 와인을 세계적인 와인으로 발돋움하게 만든 주역이다. 그에게는 늘 최초와 혁신이라는 수식어가 따라다녔다. 온도 조절이 가능한 스테인리스 스틸 탱크 등 최신 설비를 최초로 들여왔으며 와인 숙성을 위해 프랑스산 오크통을 사용했고 화이트 와인의 품질을 위해 저온 발효를 시도했다. 지금은 하나의 코스처럼 되어 있는 와이너리 투어를 최초로 도입했고 신대륙 와인 레이블의 특징인 포도 품종 표시도 그가 선도했다. 환경을 위해 포도나무 해충과 역병을 연구하고 친환경적인 병을 디자인하는 등 다방면으로 많은 공헌을 했다.

비록 2004년 무리한 사업 확장과 집안 분쟁으로 사업이 어려움을 겪게 되면서 세계 최대 주류 기업인 컨스텔레이션 브랜즈 Constellation Brands에 매각되긴 했지만 로버트 몬다비라는 브랜드만큼은 그의 뜻을 계승해 지금까지 그 명성을 이어 가고 있다. 또한 가격은 공개되지 않았지만 천문학적인 금액으로 지분을 매각한 후 몬다비 가족들이 새로운 와이너리*를 설립해 가문의 전통과 유산을 이어받아 와인을 생산하고 있다.

♦ 대형 연예기획사인 SM, JYP, YG 등은 모두 회사 이름이 창업자의 이름 이니셜이다. 사업가라면 누구나 한 번쯤 자신의 이름을 건 회사를 만들고 싶은 욕심이 있을 것이다. 그런 점에서 로버트 몬다비는 와인업계에서 가장 성공한 사례가 아닐까 싶다. 자신의 이름을 걸고 무언가를 추진하고 있거나 혹은 그럴 계획인 이들에게 성공을 기원하며 이 와인을 추천하고 싶다.

* 2005년 고 로버트 몬다비와 그 자녀들인 팀, 마르시아, 고 마르그리트가 캘리포니아 프리처드 힐(Pritchard Hill)에 설립한 와이너리인 컨티뉴엄 에스테이트(Continuum Eatate)를 가리킨다.

로버트 몬다비	
생산지	미국, 캘리포니아, 나파 밸리Napa Valley
등급	Napa Valley AVA
와인 타입	드라이, 풀 바디 와인
품종	다양한 품종 와인 생산
가격	7만 원대

멈
Mumm
카사블랑카

여기는 모로코의 최대 항구 도시 카사블랑카Casablanca. 제2차 세계대전 중 미국으로 탈출하려는 유럽 피난민들이 리스본으로 곧장 가기 힘들어 이곳 카사블랑카를 경유지로 택했다.

릭Rick(험프리 보가트 분)은 '카페 아메리칸Café Américain'이라는 바의 주인이다. 실리만을 추구하는 것 같으나 나치와 파시즘에 맞서 싸우는 사람들을 비밀리에 돕고 있다. 그러던 어느 날 옛 애인 일자(잉그리드 버그만 분)가 피난민으로 그의 바를 우연히 찾아온다. 다른 남자의 아내가 되어 있는 그녀를 보며 파리에서 같이 보냈던 옛 추억을 떠올린다.

당시 파리는 독일군의 공습이 임박해 불안한 시기였고, 일자는 남편이 수용소에서 죽었다고 생각해서 상심에 빠져 있었다. 그때 릭을 만나 새로운 사랑에 빠진다.

영화 〈카사블랑카〉에서 멈을 마시는 장면

릭　당신은 누구고 예전에 무엇을 했지? 뭘 생각하고 뭘 했지?

일자　질문 안 하기로 했잖아요!

릭　당신의 눈동자에 건배!

　　　(중략)

릭　세 병 더 마셔. 독일군이 마시지 못하게 샴페인을 몽땅 마시는 거야.

일자　이걸로 점령당한단 생각을 모두 잊을 수 있겠죠?

릭　당신의 눈동자에 건배!

결국 독일군의 공습이 다가오자 둘은 함께 프랑스를 떠나기로 했지만, 일자는 나타나지 않고 일방적으로 이별 편지를 보냈다. 죽은 줄만 알았던 남편이 살아 돌아왔기 때문이다. 그 사실을 알지 못한 채 배신감과 절망감에 빠진 릭은 혼자 기차를 타고 카사블랑카로 향한다. 그리고 이곳 카사블랑카에서 재회한 그들의 이야기가 펼쳐지는데…….

영화 〈카사블랑카〉에서 '당신의 눈동자에 건배!Here's looking at you, kid'라는 유명한 대사와 함께 건배를 한 와인이 바로 멈Mumm 이다. 프랑스 판매 1위, 전 세계 판매 순위 3위로 세계 3대 샴페인 하우스 중 하나인 멈G.H.Mumm은 1827년 프랑스 랭스Reims 지역에 설립되었다. 독일 출신의 와인 메이커 3형제에 의해 설립되었으며 그중 한 명의 아들인 조르주 헤르만 멈Georges Hermann Mumm 이 이끌기 시작하면서 한 단계 성장하게 되었다. 멈은 세 가지 자부심을 적극적으로 표명하고 있다.

첫째, 멈은 명예롭다. 멈 샴페인 하면 제일 먼저 떠올리게 되는 것은 대담한 디자인이다. 최초로 레이블 없이 강렬한 붉은 리본만 샴페인병에 새긴 아방가르드한 디자인은 세계적인 산업 디자이너 로스 러브그로브Ross Lovegrove와의 협업을 통해 2015년 탄생했다. 붉은 리본은 '코르동 루즈Cordon Rouge'라고 불리며 프랑스 대통령이 수여하는 프랑스 최고 영예의 훈장인 '레지옹 도뇌르 Legion d honnur'를 상징한다.

두 번째는 도전과 열정의 아이콘이다. F1 그랑프리의 전설인 미하엘 슈마허Michael Schumacher를 비롯해 역대 F1 우승자들이 시상대에 올라가 폭죽처럼 터트리는 샴페인이 바로 멈이다. 이렇듯 멈은 F1 경기의 공식 샴페인일 뿐만 아니라, 승마 경기 '멜버른 컵',

요트 경기 '아메리카스 컵'의 우승자가 승리를 자축하며 터트리는 샴페인이기도 하다.

셋째, 'Only The Best', 즉 오직 최고만을 추구한다. 멈의 설립자 조르주 헤르만 멈의 모토로 다른 샴페인과 차별화를 두며 최고의 소비자를 위해 최고의 샴페인을 만들겠다는 의지를 담고 있다.

♦ F1처럼 큰 대회가 아니더라도, 그리고 반드시 1등이 아니더라도 동호회에서 혹은 작은 대회에서 상을 받았을 때나 시험에 합격하거나 승진을 했을 때도 멈과 함께하길 추천하고 싶다. 가격 부담 없이 그 자리를 빛내 줄 수 있는 최고의 샴페인이다.

멈	
생산지	프랑스, 샹파뉴Champagne
등급	Champagne AOC
와인 타입	브뤼 와인
품종	피노 누아 45%, 샤르도네 30%, 피노 뫼니에 25%
가격	5만 원대

파피용
Papillon
자유의 나비

데이브 스위프트 피니 ————

나는 단지 자유롭게 일하고 싶었다.

처음에는 애리조나 대학 정치학과에 입학했다. 정치를 잘하기 위해서는 법을 알아야 할 것 같아 법대에 갈 계획도 세우고 있었다. 그러나 국선 변호인과 하원의원 밑에서 일하면서 정치와 법에 크게 실망을 하게 되었다. 너무나도 세속적이고 권력 지향적인 모습에 이 길은 내가 갈 길이 아니라고 판단했다.

그곳은 전쟁터였다. 좋은 학벌에 품격을 갖춘 젠틀한 사람들의 집단인 줄 알았다. 하지만 자신의 돈과 명예를 위해 기본적인 인간성까지 헌신짝처럼 내다버리는 잔인한 곳일 뿐이었다. 소리 없는 아우성이 넘쳐 났다. 건강해 보지만 속은 썩어 있고 정신은 피폐해져만 갔다. 심장병과 당뇨, 고지혈증 등의 현대병을 달고 살며 자신의 수명을 단축시켜 부와 명예를 축적하는 곳이었다. 극단적으로 40~50대에 스트레스와 여러 질병으로 생을 마감하기도 했다.

머리를 식힐 겸 나는 무작정 떠났다. 내가 진정으로 하고 싶은 일이 무엇인지 알기 위해 이탈리아 피렌체에 가서 공부하기로 했다. 그러나 우연한 기회에 와인을 알게 되고 와인을 만드는 과정을 경험하며 이 길이 내 길임을 직감했다. 땅을 밟고 땀을 흘리며 무에서 유를 창조하듯 포도에서 전혀 새로운 와인을 만들어 간다. 높은 빌딩 숲 속에서 책상에 앉아 글씨와 싸우고 사람과 경쟁하는 대신, 나는 자연과 어우러지며 신이 주시는 축복(와인)에 동참하고 싶어졌다.

결국 미국으로 돌아와서 나는 나파 밸리 와이너리에 취직했고 멕시코 인부들과 뒤섞여 포도를 수확하고 와인을 나르는 허드렛일부터 시작했다. 나는 너무 행복했다. 비로소 내가 원하는 자유의 길을 찾은 것 같았다.

오린 스위프트 셀러Orin Swift Cellars의 소유주인 미국의 천재 와인 메이커 데이브 스위프트 피니David Swift Phinney가 만든 명품 와인이 파피용Papillon('나비'라는 뜻의 프랑스어)이다. 많은 와이너리가 대를 이어 가업을 물려받는다. 그러나 피니처럼 와인의 매력에 빠져 전혀 다른 분야의 전공에도 불구하고 와인업계로 뛰어든 경우도 있다.

그는 로버트 몬다비 와이너리를 비롯하여 나파 밸리의 여러 와이너리에서 와인을 배우고 익혔다. 1997년, 그의 인생을 바꿔 준 나파 밸리 세인트헬레나 화이트홀 레인Whitehall Lane 와이너리로 이직을 했다. 이름 있는 와인 메이커 딘 실베스터Dean Sylvester에게 양조 기술을 배울 수 있는 기회가 주어졌기 때문이다. 열심히 일한 덕에 와이너리 소유주인 톰 레오나르디니Tom Leonardini의 눈에 띄어 중요한 일들을 맡게 되고, 집에 초대되어 식사를 같이 하는 시간이 늘어나면서 그의 딸과 사랑에 빠져 결혼에 이르게 되었다. 결혼을 계기로 장인어른의 전폭적인 도움을 받아 1998년 오린 스위프트 셀러를 설립했다.

파피용은 농부의 손가락 마디마디에 'PAPILLON'이라는 알파벳을 하나씩 새겨 넣은 레이블로 유명하다. 다소 거칠고 투박해 보이는 손은 농부의 손으로 짐작하기 충분하다. 이는 유명 사진작가인 그레그 고먼Greg Gorman이 삼대째 포도를 재배하는 빈스 토파넬리Vince Tofanelli의 손을 찍은 것이다. 아마도 피니 본인이 로버트 몬다비 와이너리에서 직접 생산 일을 경험했기 때문일 수 있다.

참고로 펀트punt(와인병 밑바닥에 움푹 들어 간 부분)에도 작은 나비를 새겨 넣는 등 섬 세한 디자인도 놓치지 않았다. 파피용 외에 도 그가 생산하는 모든 와인들은 독창적이 고 특색 있는 레이블로 유명하다.

나비가 새겨진 펀트

◆ 자신이 하고 싶은 일에서 성공하는 경우는 많지 않다. 재능이 없어서, 혹은 재능은 있지만 돈이 안 돼서 접는 경우가 대부분이다. 즐겁게 일 하면서 돈까지 많이 벌 수 있다면 그것은 축복받은 삶이다. 데이브 피니 같은 축복받은 삶이 되길 바라는 마음에서 이 와인을 추천하고 싶다.

파피용

생산지	미국, 캘리포니아, 나파 밸리Napa Valley
등급	California AVA
와인 타입	드라이, 풀 바디 와인
품종	카베르네 소비뇽 78%, 메를로 14%, 프 티 베르도 4%, 말벡 3%, 카베르네 프랑 1%(2018년 빈티지)
가격	10만 원대 초반

샤토 무통 로칠드
Château Mouton Rothschild
중꺾마

어느 프로게이머 ————

제2의 페이커를 꿈꾸는 프로게이머들에게 꿈의 무대는 리그 오
브 레전드 월드 챔피언십(일명 '롤드컵')일 것이다. 나 역시 롤드컵에
서 경험한 우승과 패배의 모든 순간들이 생생하게 떠오를 만큼 의미
가 컸다. 하지만 내가 기억하는 최고의 롤드컵은 내 경기가 아니라
2022년 DRX의 우승이다.

2022년 롤드컵의 그룹 스테이지 1라운드 로그전에서 프로게임
단 DRX는 패배하고 만다. 그때 소속 프로게이머 데프트Deft(김혁규)
선수는 쿠키뉴스와의 인터뷰에서 "오늘 지긴 했지만, 저희끼리만 안
무너지면 충분히 이길 수 있을 것 같아요."라고 말했다. 그 인터뷰 영
상의 제목을 문대찬 기자는 "로그전 패배 괜찮아. 중요한 건 꺾이지

않는 마음"이라고 지었다. 그리고 결국 그의 소속팀 DRX가 쟁쟁한 적들을 꺾고 대역전 드라마를 써 내려가며 최종 우승까지 차지하게 된다. 이후 이 문구는 큰 화제가 되어 '중꺾마'라는 유행어를 낳는다.

'중요한 건 꺾이지 않는 마음'이라는, 얼핏 보면 평범해 보이는 문구가 새삼스럽게 사람들의 마음을 울리고 큰 파장을 낳은 이유가 무엇일까? 그 문구에 걸맞은 DRX와 데프트 선수의 행보와 기적적인 성공 스토리가 있었기 때문일 것이다. 더 나아가 이런 유래를 몰라도 모두가 공감할 만한 가치를 함축하고 있기 때문일 것이다.

많은 성공한 사람들이 자신의 성공을 운 때문이라고 겸손하게 말하곤 한다. 그러나 그 운이 작용하기 위해서 반드시 필요한 전제 조건이 있다. 노력과 꾸준함이다. 결과에 연연하지 않고 자신이 세운 목표를 향해 집요하고 묵묵히 정진하는 사람에게만 화룡정점처럼 운이 마지막 역할을 할 수 있기 때문이다.

나는 그들의 열정과 의지를 알기에 그 경기에서 DRX가 우승했을 때 누구보다 기뻤다. 특히 결승전에서 페이커가 소속된 최고의 팀 T1을 꺾었을 때는 소름이 돋을 정도였다. 그 꺾이지 않는 마음에 박수를 보낸다.

1853년 나다니엘 드 로칠드Nathaniel de Rothschild는 보르도 포이약Pauillac 마을의 와이너리를 인수해 '샤토 무통 로칠드Château Mouton Rothschild'라는 이름을 지었다.

2년 뒤 나폴레옹 3세가 파리 만국 박람회를 개최하면서 와인을 홍보할 목적으로 보르도 와인에 등급을 매기게 되었다. 나다니엘은 보르도에서 가장 뛰어나다는 테루아르를 가진 샤토 무통이 당연히 1등급을 받을 것이라 생각했지만 실망스럽게도 2등급을 배정받았다. 이에 충격을 받은 나다니엘은 현실을 부정하며 다음과 같이 외쳤다고 한다. "1등급은 되지 못했고, 2등급은 되지 않겠다. 나는 무통이다."

그의 아들 역시 와이너리를 물려받은 뒤 자존심을 지키고자 오히려 1등급 샤토들과의 교류를 줄이면서 외톨이처럼 자신의 와인을 만드는 데만 집중했다. 그러나 그의 증손자인 필립이 샤토 무통을 맡은 후, 자부심만으로는 1등급 샤토들과 어깨를 나란히 할 수 없음을 깨닫고 혁신적인 변화들을 가져오기 시작했다.

그 시작은 활발한 교류와 홍보였다. 스스로를 고립시키지 않고 1등급 와이너리들과의 활발한 교류를 위해 4개의 1등급 와이너리를 포함한 사교 모임 '5인회'를 만들었다.

그리고 품질 향상을 위해 기존의 전통 방식을 과감히 바꿨다. 그

당시에는 와인의 숙성을 중
개상이 맡아서 했다. 그러나
중개상의 숙성 창고 상황에
따라 와인의 품질이 크게 차
이가 나자 와이너리에서 직
접 양조와 오크 숙성까지 끝
내고 병입한 후에 판매하기
시작했다. 그때 탄생한 문구
가 프랑스 와인 레이블에 써

피카소의 작품을 실은 레이블

있는 "Mis en Bouteille au
Château(샤토에서 병입했다)"다.

또한 와인병 레이블에 예술 작품을 접목시켰다. 그 시작은 1945
년 제2차 세계대전에서 연합군의 승리를 축하하고자 V자가 들어
간 디자인을 예술가 필리프 줄리앙Philippe Jullian에게 의뢰하면서
부터다. 그 후 우리가 이름만 들어도 알 만한 세계적인 예술가들
의 작품을 레이블에 실었다. 살바도르 달리Salvador Dalí(1958년),
마르크 샤갈Marc Chagall(1970년), 파블로 피카소Pablo Picasso(1973
년), 앤디 워홀Andy Warhol(1975년), 키스 해링Keith Haring(1988년),
발튀스Balthus(1993년) 등등.

결국 와이너리가 창립된 지 120년이 지난 1973년, 증손자인 필리프 드 로칠드 남작Baron Philippe de Rothschild에 이르러 샤토 무통은 1등급으로 승격되었다. 그는 "나는 1등급이다. 나는 2등급이었다. 무통은 변하지 않는다."라는 유명한 승급 소감을 밝히며 이 글귀를 레이블에 남겼다. 이는 무통은 1등급이 되었지만 2등급이었던 시절을 잊지 않고, 과거에 그랬던 것처럼 앞으로도 최선을 다해 와인을 만들겠다는 각오와 포부를 밝힌 것이다. 1855년 보르도 와인의 등급표가 생긴 이래로 등급이 바뀐 것은 샤토 무통의 1등급 승격이 유일하다.

샤토 무통 로칠드의 원산지는 프랑스 보르도 포이약이다. 이 지역은 단단한 자갈이 깔린 토양으로 배수가 잘 되고 보온 효과도 뛰어나 포도가 골고루 익는 데 최적의 조건을 갖췄다. 이곳에서 재배되는 주요 품종은 카베르네 소비뇽, 메를로, 카베르네 프랑이다. 1등급 와인답게 포도 수확부터 모든 작업은 수작업으로 이뤄지며 프랑스산 오크통에서 18~24개월 동안 숙성 과정을 거치고 병 숙성을 마친 후 출시된다.

◆ 와인에 관심을 갖고 마셔 보기 시작하면 조금 더 좋은 와인, 조금 더 비싼 와인에 눈길이 간다. 그 거창한 시작은 보르도 1등급 와인인 경우가 많다. 그동안 2~5등급의 와인을 마시며 1등급 와인에 대한 호기심이 점점 커졌기 때문이다. 그렇다면 2등급에서 1등급으로 승격한 샤토 무통 로칠드를 먼저 마셔 보길 추천하고 싶다. 본인의 와인 경험과 열정의 승격을 축하하는 의미로……

샤토 무통 로칠드

생산지	프랑스, 보르도Bordeaux, 메독Medoc, 포이약Pauillac
등급	그랑 크뤼 클라세Grand Cru Classe 1등급
와인 타입	드라이, 풀 바디 와인
품종	카베르네 소비뇽 76%, 메를로 14%, 카베르네 프랑 8%, 프티 베르도 2%(2006년 빈티지)
가격	100만 원 이상

페트뤼스
Pétrus
성공 자축의 와인

영국의 어느 은행가 ───────

2001년 7월, 영국 런던의 최고급 레스토랑인 고든 램지Gordon Ramsay에서 나를 포함해 동료 6명이 모였다. 나는 바클리 캐피털 Barclays Capital에 입사한 지 얼마 되지 않았다. 값비싼 고든 램지 레스토랑도 중요한 기념일에 두어 번 가 본 것이 전부다. 그런데 이 회사로 이직하자마자 몇 개월 안 되어 채권 시장이 큰 호황을 맞았고 우리 부서가 일명 '대박'을 터트렸다. 우리 부서 딜러들은 얼마 뒤 받을 자신들의 성과급을 기대하며 미리 샴페인을 터트리고 싶어 했다.

첫 와인은 화이트 와인인 1982년 몽라셰Montrachet였다. 무려 20년 전 빈티지의 몽라셰는 가격이 1,400파운드(약 260만 원)에 달했다. 그래서 이 와인이 그날의 하이라이트인 줄 알았는데 그것은 나의

소심한 착각이었다. 이 엄청난 와인이 사실은 애피타이저(식전 요리)에 불과했던 것이다.

이날의 진짜 주인공은 바로 페트뤼스Pétrus였다. 그들은 호기롭게 1945년, 1946년, 1947년 빈티지의 페트뤼스 와인을 시키기 시작했다. 나는 기겁했다. 1945년과 1947년 빈티지는 이 와인 최고의 빈티지로 꼽힌다. 그런데 연달아 이어지는 빈티지 와인을 모두 시킨 것이다. 최고의 빈티지답게 1945년 1만 1,600파운드(약 2140만 원) 1946년 9,400파운드(약 1730만 원), 1947년 1만 2,300파운드(약 2270만 원)이었다. 세 병을 합치면 무려 4만 파운드(6천만 원)에 육박했다. 그때 놀란 가슴은 아직까지 이 와인 이름의 빨간 글씨만 떠올려도 마구 요동친다.

나는 직장 상사들의 폭주를 막을 수 없었다. 마지막으로 디저트 와인인 1900년산 샤토 디켐Château d'Yquem을 마셨는데, 이 역시 9,200파운드(약 1700만 원)나 되었다. 감당하기 힘들다. 회사에서 알면 가만히 있지 않을 것이다. 회사 카드로 5만 파운드나 긁다니……

스스로 번 돈으로 무엇을 사건, 무엇을 먹건 그것이 문제 될 일은 없다. 그러나 이 한 끼의 식사가 큰 이슈가 되었던 것은 크게 두 가지 이유다. 첫째, 경기가 좋지 않았다. 채권과 주식은 반대로 움직인다. 채권에서 대박이 났다는 것은 경기가 좋지 않았다는 것이고 상대적으로 주식은 큰 하락을 피하지 못했다. 당연히 여론이 따가울 수밖에 없었다. 둘째, 개인 카드가 아닌 법인 카드로 계산했다는 점이다. 당연히 금융 기관의 도덕적 해이가 도마 위에 오르게 되었다.

이 소식이 모 일간지에 대서특필되며 결국 모임 참석자 중 회사에 알린 한 명을 제외한 5명이 모두 해고되고 말았다. 회사에 이직한 지 얼마 안 되었고 먼저 이실직고를 한 것이 참작되었을 것이라는 얘기가 전해진다. 페트뤼스는 원래도 샤토 1등급 와인을 넘어서는 고가의 와인으로 명성을 떨치고 있었지만, 이 사건으로 세계적인 유명세를 치르게 되었다.

샤토 페트뤼스Château Pétrus는 18세기 말 아르노Arnaud 가문이 프랑스 남서부 보르도 포므롤Pomerol 마을에서 약 7헥타르의 와인을 생산하면서 시작되었다. 페트뤼스는 '암석'을 뜻한다. 로마 시대 때 그곳의 포도밭 언덕의 점토가 바위처럼 딱딱하게 굳어서 이렇게 불렸다고 한다. 설립 초기만 해도 보르도 2등급 와인 수준의 가격에 판매되는 평범한 와인에 불과했다. 그러나 1945년 리부른Libourne의 호텔 소유주였던 루바 여사Madame Edmond Loubat에게 인수되면서 점차 명성을 얻기 시작했고, 여러 번의 확장과 지분 인수가 가격 급등에 일조하며 지금에 이르게 되었다. 메를로Merlot 품종만을 100% 사용한 단일 품종 와인이며, 레이블에 그려진 초상화는 성 베드로이고 오른손에는 천국의 열쇠를 갖고 있다.

◆ 페트뤼스 같은 초고가의 와인을 선뜻 구입하기는 정말 쉽지 않다. 단순히 호기심이나 취미로 소비하기에는 너무 큰 금액이다. 그 정도 소비를 감당할 수 있을 수 있는 경제적 능력이나 사회적 지위를 갖춰야 한다. 고급 레스토랑에서 페트뤼스 와인을 선뜻 주문할 수 있는 날을 꿈꾸는 이들이 많을 것이다. 이 책을 읽는 독자들 또한 자신의 성공을 만끽하고 과시할 수 있는 그런 날이 오기를 바란다.

페트뤼스

생산지	프랑스, 보르도Bordeaux, 포므롤Pomerol
와인 타입	드라이, 풀 바디 와인
품종	메를로 100%
가격	700만 원 이상

아르망
Armand
스페이드 에이

어느 도박사 ———

벌써 몇 년이 흘렀건만 아직까지 그때의 포커판이 생생히 떠오른다. 세븐 포커에서 나는 히든 카드hidden card를 남기고 로열 스트레이트 플러시(이하 '로티플')* 가능성을 남겨 놓고 있었다. 나는 5구에 이미 스페이드 10, J, Q, K가 손에 들어온 상황이라, 설마 하면서도 로티플을 기대했었다.

그런데 상대방도 상당히 좋은 족보가 만들어졌는지, 히든 카드를 남겨 두고 너무나 큰돈을 베팅했다. 깔려 있는 패를 봤을 때 풀 하우

---

* 세븐 포커에서 가장 높은 족보로, 무늬가 같은 다섯 장의 숫자가 10-J-Q-K-A로 구성되어 있는 패. 한 명의 플레이어가 평생에 한 번도 잡기 힘든 확률의 족보로, 약 3천만분의 1 확률로 알려져 있다.

스** 또는 포 카드*** 가능성도 배제할 수 없었다. 쫓아가야 하나 망설여졌다. 모든 기회는 대가를 지불해야 한다. 패 한 장을 더 보기 위해 너무나도 큰 비용을 지불해야 한다. 로티플의 가능성은 정말 희박하지만, 나는 내 운을 시험해 보고 싶었다. 마침내 쫓아 들어갔다.

이제 마지막 히든 카드다. 나는 떨리는 마음으로, 그러나 차분한 손놀림으로 패를 확인한 후 조심스럽게 다시 패를 덮었다. 털이 쭈뼛 서고 깊은 단전에서부터 지옥에서 살아 돌아온 듯한 안도의 한숨이 터져 나왔다. 스페이드 에이, 로티플의 완성이었다.

비장한 얼굴로 풀 베팅을 한 상대방의 얼굴을 보았다. 당연히 본인이 이겼다고 생각하는 듯한 자신만만한 얼굴. 나는 상대방의 풀 베팅을 따라간 후 나머지 판돈을 밀어넣으며 '올인all in'을 외쳤다. 상대방은 잠시 멈칫했으나 조금의 망설임 없이 올인을 외치며 자신의 판돈을 모두 밀어넣었다.

그리고 상대방이 웃으며 자신의 카드를 오픈했다. Q가 4장, 포 카드였다. 역시 그가 올인한 이유가 있었다. 승리를 확신한 상대방의 웃음을 의미심장한 미소로 화답하며 나 역시 내 패를 오픈했다. 그리고 "즐거웠다."라는 말과 함께 쌓여 있는 판돈을 기세등등하게 쓸어왔다. 상대방의 얼굴이 흙빛으로 변하는 순간이었다.

** 같은 숫자 카드 3장과 같은 숫자 카드 2장이 있는 경우다. 한국식으로 '집'이라고도 한다.

*** 같은 숫자 4장이 든 경우다(예를 들어 다른 모양의 Q가 4장 들어온 경우).

포커 게임에 사용되는 52장의 카드 중에서 가장 높은 서열을 자랑하는 스페이드 에이ace of spades. 그 카드 모양이 병 한가운데 큼지막하고 선명하게 주석 레이블로 새겨진 와인이 바로 아르망Armand 이다. 한때 클럽에서 1천만 원 이상을 호가하며 최고급 샴페인으로 통했던 그 샴페인이다.

아르망의 정식 명칭은 아르망 드 브리냑Armand de Brignac 이다. 1763년 카티에Cattier 가문이 만든 포도원에서 생산된 샴페인이지만, 브랜드 자체의 역사는 2006년 시작되어 그리 오래되지 않았다. 프랑스 샹파뉴의 몽타뉴 드 랭스Montagne de Reims 지역에 있는 대규모 포도밭에서 생산되며 카티에 샴페인 하우스에 소속된 8명의 와인 장인들의 섬세한 수작업으로 탄생한다.

1년에 4,000병밖에 생산하지 않을 정도로 희소성까지 갖추고 있어 아르망 골드의 경우 일반 구입가도 1백만 원에 육박한다. 이 와인이 고급화 전략에 성공한 것은 미국 가수 제이지Jay-Z 와의 파트너십 시기(2006년)를 거치면서이다. 특히 2009년 제이지의 뮤직비디오에서 '고가의 와인' 이미지로 등장해 전 세계적인 홍보가 되었다. 한때 제이지가 가장 좋아하는 샴페인은 크리스탈Cristal 이었는데, 뮤직비디오에서 샴페인을 주문했는데 크리스탈을 가져오자 고개를 젓고 아르망을 가져오자 크게 기뻐하는 장면을 통해 은연중 크리스탈보다 괜찮은 샴페인임을 홍보했다.

그 후 2021년 2월에는 LVMH 그룹이 제이지의 아르망 지분 50%를 매입하며 명품 와인 대열에 합류했다. 아르망 샴페인은 총 5가지의 컬렉션으로 구성되어 있으며, 각각의 컬렉션마다 다른 디자인과 품질을 제공한다.

◆ 아르망은 한마디로 명품 샴페인이다. 명품은 단순한 소비재에 국한되지 않고 심리적 효용과 사회적 가치를 제공한다. 아르망을 마시는 것은 자신의 지위와 품격을 상징해 주는 것이다. 와인과 함께 명품 수집이 또 하나의 취미 생활이 된다면 이 명품 와인을 추천한다.

아르망

생산지	프랑스, 샹파뉴Champagne
등급	Champagne AOC
와인 타입	브뤼 와인
품종	아르망 드 브리냑 골드(Gold)-샤르도네 40%, 피노 누아 40%, 피노 뮈니에 20%
가격	50만 원 이상

테일즈 더 고스트 십
Tales, The Ghost Ship
유령선

대항해 시대의 어느 선장 ─────

짙은 운무에 5미터 앞도 내다볼 수 없다. 다행히 파도는 잔잔하지만 암초에 걸려 배가 좌초될까 노심초사하고 있다. 서서히 바다 안개가 걷히고 있다. 시야가 10미터, 20미터, 50미터, 조금씩 확보되고 있다. 그런데 갑자기 저 앞에서 해수면을 미끄러지듯 한 치의 흔들림 없이 폐어선이 다가오고 있다. 아, 말로만 듣던 유령선이다. 전설 속에서만 존재할 줄 알았던 유령선이 눈앞에 다가오고 있다.

고스트 십ghost ship, 즉 유령선은 유령에 씌여 광활한 바다를 떠돌아다니는 배다. 죽은 사람들이 유령이 되어 유령선을 끌고 다닌다. 아마도 예측할 수 없는 바다의 먹잇감이 되어 배와 선원들 모두 바다 밑으로 가라앉아 그 생을 마감했을 것이다.

유령선

그러나 배가 가고자 했던 목적지와 선원들이 위험을 무릅쓰고 배를 타며 이루려 했던 꿈은 바닷속에 사장되지 않는다. 그들의 목표와 꿈은 유령이 되어 다시 비현실적인 항해를 이어 간다. 유령선은 존재 자체만으로 사람들에게 공포와 두려움의 대상이 될 수 있다. 그러나 뱃사람들에게 바다에 겸손할 것을 경고한 채 어느 누구도 공격하지 않는다. 그저 어떤 폭풍과 해일에도 멈추지 않고 가던 길을 쉼 없이 갈 뿐이다.

아프리카는 열대 기후가 주를 이루며 북부 지역은 건조하거나 사막이고 남부와 중부 지역은 사바나 초원과 울창한 밀림으로 이뤄져 있다. 아프리카는 채집이나 수렵이 주를 이루지 농작물을 재배하는 곳은 아주 드물다. 그래서 아프리카에서 와인을 생산한다는 사실 자체를 모르는 일반인들도 많다. 그러나 이미 남아프리카에서는 350년 전에 와인을 제조하고 있었다.

남아프리카, 특히 수도인 케이프타운 주변으로 와인 산지가 밀집한 이유는 무더운 날씨에도 바다와 인접한 지리적 특징 때문이다. 덥고 건조한 지중해성 기후를 바탕으로 한류와 서늘한 남동풍이 불어 남아프리카를 와인 생산에 적합한 지역으로 만들어 준 것이다. 아프리카에서 와인을 생산하겠다는 의지가 피노타지_{pinotage}* 라는 독특한 품종과 테루아르의 조합을 통해 좋은 품질의 와인을 탄생시켰다. 또한 이 와인을 사람들에게 알리고 사람들의 입맛을 사로잡겠다는 목표와 꿈은 끝내 이 와인을 대중화에 이르게 했다.

테일즈_{Tales} 와이너리는 남아공 최대 와인 산지인 스텔렌보스

---

* 1925년 남아공의 과학자 에이브러햄 페롤드(Abraham Perold) 교수가 피노 누아(pinot noir)와 생소(cinsault)를 교배해서 만든 품종이다. 피노 누아의 우아함과 생소의 강렬함이 결합해 부드러우면서도 묵직한 질감과 탄닌을 자랑한다. 남아공의 피노타지 와이너리로는 베이어스클루프(Beyerskloof)와 카논콥(Kanonkop)이 유명하다. 프랑스의 에르미타주 지역에서 전해졌기 때문에 포도의 이름이 '피노+타주'가 되었다.

Stellenbosch와 스와틀랜드Swartland에 위치했으며 프랑스의 와인 메이커 필리프 가일라르Philippe Gaillard와 남아공의 떠오르는 와인 메이커 와일드 드레이어Wilde Dreyer가 파트너 관계를 맺어 만든 와이너리다. 테일즈는 남아프리카에서 오랫동안 전설로 내려온 그림을 레이블에 담아 세 가지 품종의 와인을 선보이고 있다.

첫째, 18세기 유령에 씌여 평생 바다를 떠돌아다니는 유령선이 케이프타운 주변을 맴돌고 있다는 전설을 담았다. 피노타지 품종의 탁월한 가치를 찾아 끝없이 항해하는 '더 고스트 십 피노타지 The Ghost Ship Pinotage'다.

둘째, 머리가 5개 달린 뱀의 전설을 담았다. 원래 잘생긴 전사였으나 저주에 걸려 머리가 5개인 괴물 뱀으로 변하고 말았다. 그런데 잔야니Zanyani라는 용감한 여성이 저주를 풀고 전사와 진정한 사랑을 하게 된다는 얘기다. 카베르네 소비뇽 품종으로 만든 '더 스네이크 위드 파이브 헤즈 카베르네 소비뇽The Snake with Five Heads Cabernet Sauvignon'이다.

셋째, 남아공에는 자연과 관련된 전설이 있다. 세상을 밝게 비추고 만물에 따뜻한 온기와 생기를 불어넣기 위해 태양의 신이 내려왔다고 믿었다. 태양의 신이 남아프리카에 선물한 슈냉 블랑 품종으로 만든 "더 선 어 부시맨 레전드 슈냉 블랑The Sun a Bushman

Legend Chenin Blanc'이다.

이 모든 와인은 사람이 직접 수작업으로 포도를 수확하며, 발효를 위해 스테인리스강이나 콘크리트로 만든 탱크 등으로 펌프질을 하는 과정을 최소화해서 타닌과 산도가 부담되지 않고 부드러운 와인이 되게끔 작업을 한다.

♦ 와인이 어려운 이유는 나라별, 품종별로 다양하고 색다른 와인이 너무 나도 많기 때문이다. 반대로 그 이유 때문에 와인이 더 흥미로운 것도 사실이다. 고가의 와인을 향한 수직적 호기심과 함께 색다른 와인을 향한 수평적 호기심도 커질 수밖에 없다. 수평적 호기심을 채우기 위해 이 와인을 마셔 보길 추천한다.

테일즈 더 고스트 십

생산지	남아프리카, 스와트랜드Swartland
와인 타입	드라이, 미디엄 바디 와인
품종	피노타쥐 100%
가격	4만 원대

피오 체사레 바롤로
Pio Cesare, Barolo
새옹지마

피오 보파 ————

내가 소유하고 있는 와이너리의 와인 홍보차 중국에 간 적이 있다. 그때 중국의 사자성어인 '새옹지마(塞翁之馬)'의 유래와 의미를 알게 되었다. 좋은 일이 화가 되기도 하고 안 좋은 일이 오히려 복이 된다는 의미다.

지금 나와 나의 와이너리 상황이 딱 그렇다. 코로나19 사태가 터졌을 때 와인 사업이 직격탄을 맞을 거라고 예상했다. 레스토랑이나 식당의 와인 소비가 줄어들 것은 불 보듯 뻔하기 때문이다. 실제로 코로나19 사태 초기에는 판매량이 급감했다. 그러나 일시적으로 판매량이 줄어든 후 기존 판매량 수준으로 판매량이 회복되기 시작했다. 그리고 오히려 코로나19 사태 전보다 매출이 늘어났다. 레스토랑의 매출은 줄어들었으나 마트의 와인 판매량이 급상승했기 때문이다. 집에서 술을 마시는 횟수가 늘어나다 보니 독주나 증류주보다는 맛과 향을 즐길 수 있는 와인 소비량이 늘어났다. 새옹지마처럼 화가 오히려 복이 되어 돌아왔다.

위기를 기회로 삼을 지금 시점이 어느 때보다 중요하다는 판단하에 홍보에 더욱 박차를 가했다. 그에 따라 매출량은 더욱 늘어갔다. 그럴수록 타오르는 열정에 나는 더 많은 장소에서 더 많은 사람들을 만나며 일했다. 그러나 그 복이 오히려 화가 되고 말았다. 코로나 시국에 외부 활동을 지나치게 많이 한 탓에 덜컥 코로나19에 감염된 것이다. 쉼 없는 일정에 체력은 떨어질 대로 떨어지고 면역력도 약해져서 시간이 갈수록 병은 악화되어 갔다.

아직 정신이 또렷하고 펜을 들 수 있는 힘이 있을 때 마지막 일기를 쓰는 심정으로 한 글자 한 글자 문장을 이어 가고 있다. 혹여 극적으로 상황이 호전되어 다시 예전으로 돌아갈 수 있다면 좋겠지만 그럴 것 같지 않아 유언과 같은 일기를 남긴다.

"평소 와인에 관심이 많았던 나의 딸에게 와이너리를 물려주고 싶다. 사랑하는 우리 딸은 와이너리를 위해 아빠처럼 건강을 해치면서까지 매진하지 않았으면 좋겠다. 그냥 와인을 사랑하는 마음으로 즐겁게 꾸려 가면 좋겠다. 아빠의 육신은 너의 곁을 떠나지만 피오 체사레Pio Cesare 어느 곳 하나 아빠의 손길이 닿지 않은 곳이 없단다. 아빠의 영혼은 늘 너의 곁에 남아 너를 응원하마. 사랑한다!"

피오 체사레를 유명 네고시앙négociant*에서 고급 와이너리로 만들었으며, '피에몬테의 영웅'이라 불릴 정도로 바롤로, 바르바레스코, 바르베라 품종의 잠재력을 세상 밖으로 이끌어 낸 피오 보파Pio Boffa는 조금은 허무하게도 코로나19로 생을 마감하고 말았다. 그의 나이 겨우 66세였다. 피오 체사레는 1881년 설립되어 150년 전통을 자랑하는 가족 경영 와이너리이며 지금은 5세대인 피오의 딸 페데리카 로지 보파Federica Rosy Boffa가 물려받아 와이너리를 경영하고 있다.

바롤로Barolo는 이탈리아 북부 피에몬테주에서 네비올로nebbiolo 품종으로 제조되는 와인으로, 마을의 명칭이면서 동시에 와인의 이름이다. 바롤로 와인은 1850년대 프랑스 와인 양조가인 루이 우다르Louis Oudart와 카보우르Cavour 백작의 노력에 의해 한 단계 발전했고 통일 이탈리아 왕국의 초대 국왕 비토리오 에마누엘레 2세Vittorio Emanuele II에 의해 바롤로 존Barolo zone이 만들어지며 비로소 체계를 갖추기 시작했다. 이후 전통적인 기법과 온도 조절 장치, 작은 오크통 도입 등 현대적인 기술이 접목하며 지금과 같

---

* 포도를 직접 재배하지 않으면서(혹은 일부 재배) 다양한 생산자로부터 포도 또는 와인을 구입하여 양조, 숙성, 병입, 유통하는 와인 생산자를 의미한다. 프랑스 부르고뉴(Bourgogne), 보르도(Bordeaux), 론(Rhône) 지역에서 중요한 역할을 해 왔으며 대표적인 네고시앙으로는 루이 자도(Louis Jadot), 조제프 드루앙(Joseph Drouhin) 등이 있다.

은 부드럽지만 강한 와인으로 재탄생했다.

오늘날 바롤로는 '와인의 왕'이라 불리며 출시 전 오크통 18개월을 포함하여 최소 36개월 이상을 숙성해야 한다. 5년 이상 숙성되면 레이블에 'Riserva'를 표시할 수 있고 등급은 DOCG 등급이다. 장기 숙성이 가능하고 묵직하고 진하며 타닌이 주는 강렬함으로 와인 애호가들에게 많은 사랑을 받고 있다.

◆ 피오 체사레 바롤로는 정말 맛있다. 이 글을 읽은 독자들도 맛과 향에 취해 피오 보파의 삶과 죽음에 대해 까맣게 잊을 수 있다. 그러나 시간의 빠름을 피부로 느낀다면 죽음은 그리 멀리 있지 않다. 한 번쯤은 이 와인을 벗 삼아 삶과 죽음에 대해 진지하게 생각하고 의견을 나누는 시간을 가졌으면 하는 바람에서 이 와인을 추천한다.

피오 체사레 바롤로

생산지	이탈리아, 피에몬테Piemonte, 바롤로Barolo
등급	Barolo DOCG
와인 타입	드라이, 풀 바디 와인
품종	네비올로 100%
가격	10만 원대

산타 헬레나 100+
Santa Helena, 100+
장수의 와인

어느 늙은 농부 ————

여든이 되었지만 몸은 더 움직일 수 있고 아직도 일할 수 있다. 젊고 유능한 비뇨롱vigneron(포도 재배자)에게 맡기고 은퇴하라는 말도 많이 들었지만, 60년 이상을 포도 재배와 와인 생산에 바친 나의 경험은 아직도 쓰일 곳이 많다.

와인과 사람은 여러 가지로 닮은 점이 많다. 포도가 익고 와인이 숙성되는 과정에서 인생의 여러 단면을 발견하게 되는 경우가 많다. 특히 오래된 수령의 포도나무, 즉 올드 바인old vine에서는 긴 세월을 살아 온 노인의 모습을 발견할 수 있다.

포도나무도 보통은 올드 바인보다 어린 포도나무가 선호되는 편이다. 상대적으로 수확량도 많고 싱싱한 포도가 생산되기 때문이다.

그러나 오래된 포도나무가 어린 포도나무와 비교할 때 나쁜 점만 있는 것이 아니다. 오히려 상당히 많은 장점을 가지고 있다.

올드 바인

첫째, 긴 세월 동안 땅속 깊이 뿌리를 내리고 있어 물과 영양분의 요구량이 적으며 환경에 적응하면서 기후 변화에 대한 내성도 높다. 둘째, 포도나무는 나이를 먹을수록 에너지 분배가 뿌리와 나무 전체에 균형 있게 이뤄져 병충해에 대한 저항성이 높아 상대적으로 농약 등을 적게 사용해 친환경적인 재배를 가능케 한다. 셋째, 포도송이가 상대적으로 작지만 알이 작은 만큼 껍질이 두꺼워 완전히 익은 포도는 당도가 높고 산도와 타닌 균형이 잘 맞아 고품질 와인 생산에 유리하다. 넷째, 올드 바인은 특정 와인 산지의 와인 생산 역사를 반영한다. 당연히 와인 브랜드의 스토리텔링과 함께 그 지역 전통과 유산을 보존하는 데 중요한 역할을 한다.

어찌 보면 나이를 먹는다는 것이 꼭 나쁜 것이 아니라는 사실을 올드 바인이 보여 주는 듯싶다. 그저 늙어 가는 것이 아니라 더 깊고 달콤한 열매를 맺고 그윽한 와인으로 다시 태어날 수 있으니 말이다.

산타 헬레나 로고

산타 헬레나Santa Helena 와이너리는 칠레 VSPT 와인 그룹이 칠레 최고의 와인을 전 세계에 수출하는 것을 목표로 설립한 글로벌 와이너리이다. 헬레나Helena의 어원은 '태양처럼 빛나는 빛'을 의미하는 고대 그리스어이며, 그리스 신화에 나오는 세계에서 가장 아름다운 여인 헬레네Helen에서 유래한 이름이기도 하다. 헬레네는 제우스Zeus와 레다Leda의 딸로 트로이 전쟁Trojan War의 원인이 될 정도로 아름다운 여인으로 묘사된다.

산타헬레나 100+ 와인은 수령 100년이 넘는 올드 바인에서 생산된 포도로 만든 와인이다. 면적이 총 334헥타르나 되는 산타 헬레나 와이너리에서도 1910년에 심어진 올드 바인 밭은 겨우 10헥타르에 불과하지만 산타 헬레나의 상징과도 같다. 포도나무 수령은 복합미와 농축미를 좌우하는 핵심 요소로, 올드 바인에서 생산된 와인에는 농익은 과일 향이 물씬 풍기는 특징이 있다. 특히 카베르네 소비뇽 품종은 수령이 오래될수록 진한 수액과 미네랄의 살아 있는 느낌이 풍부하게 전해진다.

나이를 먹는다는 것은 꿈을 조금씩 잠식당하는 것이고 죽음을 향한 열차에 가속 페달을 밟는 것과 같다. 그러나 나이를 먹는다는 것은 축복이다. 치열한 삶에서 한 발 떨어져 전체를 바라보는 시야와 미처 보지 못했던 인생의 의미를 음미해 볼 여유를 갖게 되기 때문이다.

♦ 인간은 존재만으로 눈부신 완성체다. 성공은 사회가 정한 기준일 뿐이다. 각자 자신의 삶에 자부심을 갖고 몸과 마음이 건강하게 장수하길 기원하는 의미로 이 와인을 추천하고 싶다.

산타 헬레나 100+

생산지	칠레, 센트럴 밸리Central Valley, 콜차구아 밸리 Colchagua Valley
와인 타입	드라이, 풀 바디 와인
품종	카베르네 소비뇽 100%(2014년 빈티지)
가격	6만 원대

샹베르탱
Chambertin
나폴레옹 와인

나폴레옹 ————

세인트헬레나Saint Helena 섬에 갇혀 산 지 벌써 6년째에 접어든다. 이 쓸쓸한 나날을 위로해 주는 것은 과거에 전투에 나갈 때마다 가지고 다녔던 두 가지 음료다.

첫 번째는 커피다. 아마도 군대 음료로 커피를 처음 도입한 것이 내가 아닐까 싶다. 영양분이 거의 없는데도 왠지 모르게 힘이 나서 군인에게 더할 나위 없이 좋은 음료다. 이걸 마시면 졸릴 때는 잠을 달아나게 해 주고 정신도 또렷하게 해 준다. 다행히 이곳에 갇혀 있어도 식사 후에 커피는 계속 마실 수 있다.

두 번째는 와인이다. 50여 차례의 전투를 다니는 동안 항상 와인을 가지고 다녔다. 지휘관인 나는 와인을 마실 때 최고의 전략이 떠올랐다. 어쩌면 워털루 Waterloo 전투 전날에 하필이면 샹베르탱Chambertin 와인이 다 떨어져 와인 없이 전략을 짜다 보니 최고의 전략이 생각나지 않았

세인트헬레나섬에 유배된 나폴레옹

는지 모른다. 결국 그 전투에서 패배해 재기에 실패하면서 이곳에 갇히게 된 것이다.

군인들은 와인을 마시면서 언제 죽을지 모른다는 공포심과 불안감을 잊기도 하고 긴장을 풀고 전투력을 끌어올리기도 한다. 나는 많은 와인 중에서도 항상 샹베르탱 와인만을 마셨다. 이 와인과 함께하며 가장 큰 기쁨과 좌절을 동시에 맛봤던 전쟁이 러시아 원정 전투였다. 기마병을 이끌고 속전속결로 러시아로 쳐들어가 단숨에 모스크바를 함락시켰다. 크렘린Kremlin궁에서 마신 와인의 맛을 지금까지 잊을 수 없다. 그러나 이후 러시아군의 지연 작전에 말려들어 연패를 당하며 결국 크게 패배하여 퇴각하고 말았다. 그 과정에서 와인 저장고의 와인들을 통째로 적군에게 빼앗기는 아픔을 겪기도 했다.

아쉽게도 지금은 와인을 마실 수 없다. 건강이 좋지 않다며 주치의가 커피까지만 허락하고 와인은 못 마시게 한다. 달콤한 딸기 향, 입안을 조여 주는 타닌감, 부드러운 목 넘김, 기분 좋은 취기가 더욱더 그리워진다.

부르고뉴Bourgogne 지방은 로마 제국의 지배를 받던 기원전 1세기 무렵 포도나무가 전해져 수도사들에 의해 와인이 생산되기 시작했다고 한다. 부르고뉴 와인은 프랑스 와인의 3%밖에 되지 않는 생산량이지만 전 세계적인 명성을 얻고 있다. 주브레 샹베르탱 Gevrey Chambertin 은 부르고뉴 지방의 코트 드 뉘Côte de Nuits 최북단에 위치한 마을이며 수확 지역이 넓어 도멘Domaine*에 따른 질적 차이가 크다. 이 마을에는 총 9개의 그랑 크뤼Grand Cru 포도밭이 있는데 가장 유명한 그랑 크뤼 포도밭이 샹베르탱이다.

샹베르탱 포도밭의 시작은 12세기로 거슬러 올라간다. 인근의 베즈 수도원Abbey of Bèze 수도사들이 포도밭을 운영하는 것을 보고, 베르탱이라는 사람이 바로 옆에 포도밭을 만들어 와인을 생산하기 시작했다. 그의 포도밭은 '베르탱의 밭Champ de Bertin'이라고 불렸고 나중에는 줄여서 샹베르탱으로 불리게 되었다.

부르고뉴의 모든 와인이 그러하듯 샹베르탱도 피노 누아pinot noir 포도를 주품종으로 하여 레드 와인을 만든다. 주로 체리, 딸기, 라즈베리 향이 나며 부드럽고 섬세하며 긴 피니시를 보여 주어 '여

---

*   프랑스에서 포도밭을 소유하고 직접 와인을 생산하는 와이너리를 뜻한다. 특히 부르고뉴 (Bourgogne) 지역에서 가장 많이 사용되는 개념으로, 보르도의 샤토(Château) 개념과 비슷하다. 와이너리의 규모가 비교적 작으며 자체적으로 포도를 재배하고 와인을 양조하여 와인의 개성이 뚜렷한 특징이 있다.

왕의 와인'이라고 알려져 있다. 그런데 샹베르탱은 강하고 풍부한 맛을 자랑하며 힘차고 응축도가 높아 부르고뉴 지방에서 가장 남성적인 와인이라는 평을 받는다. 따라서 출하 후에도 최소 4~5년 이상을 숙성시켜야 제맛을 내는 것이 이 와인의 특징이다.

다만 아쉽게도 부르고뉴 지방의 다른 와인들처럼 샹베르탱도 23명이나 되는 소유자가 밭을 나누어 재배한다. 따라서 샹베르탱 상표의 와인이라도 생산자에 따라 품질의 상당한 차이를 보인다.

♦ 와인 고수들은 결국 부르고뉴 와인으로 돌아간다는 말이 있다. 부르고뉴에서 생산되는 피노 누아의 섬세함과 복합미에 매료되기 때문이다. 그렇다면 부르고뉴 와인의 최고봉이라 할 수 있는 샹베르탱을 마셔 보길 추천하고 싶다. 또한 나폴레옹이 즐겨 마신 와인으로 역사적인 와인을 경험하고 싶은 역사 애호가들에게도 추천하고 싶다.

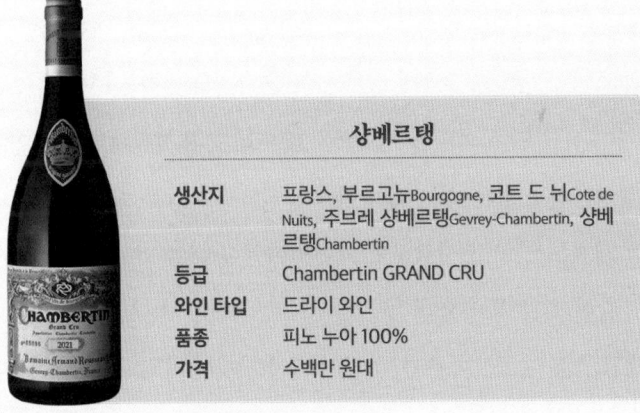

샹베르탱

생산지	프랑스, 부르고뉴Bourgogne, 코트 드 뉘Cote de Nuits, 주브레 샹베르탱Gevrey-Chambertin, 샹베르탱Chambertin
등급	Chambertin GRAND CRU
와인 타입	드라이 와인
품종	피노 누아 100%
가격	수백만 원대

아미치
Amici
우정의 와인

제프 핸슨의 친구 ─────────

내 친구 제프, 너를 이렇게 먼저 보내게 될 줄은 꿈에도 생각 못 했다. 넌 자기 관리에 철저하고 늘 긍정적인 친구였으니까.

우리가 너를 처음 만난 지도 40년이 넘게 흘렀구나. 대학 졸업 후 멋진 사진작가로 활동하는 너를 보며 무척이나 자랑스러웠다. 우리가 재미 삼아 만든 와인을 시제품으로 내놓고 본격적으로 와인업계에 뛰어들자고 했을 때는 네가 마치 돈키호테처럼 느껴졌지. 그러나 학창 시절부터 항상 성실하고 계획적이었던 너였기에 우리는 너를 믿고 같이 해 보기로 했다.

그냥 즉흥적으로 아무 준비 없이 제안한 것이 아니라는 사실을 알기에 내심 큰 꿈을 꿨던 것도 사실이다. 친구끼리 의기투합하여 동업을 하며 역사에 큰 족적을 남긴 사례는 무궁무진하게 많으니까. 우리가 마이크로소프트를 창업한 빌 게이츠Bill Gates와 폴 앨런Paul Allen이, 야후를 만든 제리 양Jerry Yang과 데이비드 필로David Filo가 되지 말라는 법이 없다고 생각했다.

물론 알고 있었다. 친구로 인해 잘못된 길로 접어드는 경우도 많고 돈 때문에 의절하거나 가정이 무너지는 최악의 경우도 있다. 그러나 본인이 성장하고 발전하게 도와주는 스승과 같은 친구를 만나 크게 성장하는 경우도 많다. 우리들의 관계는 후자의 경우라고 굳게 믿었다. 그리고 우리는 정말 잘 해냈다. 와인의 좋은 품질과 투철한 장인 정신으로 우리는 일약 나파 밸리의 슈퍼스타로 자리매김했다.

우리는 그렇게 지금의 성공이, 지금의 젊음이 영원할 거라 믿었다. 그러나 이제는 너의 환한 미소를, 짓궂은 농담을, 성큼성큼 걷던 모습을 더 이상 볼 수 없다는 사실이 나는 믿기지 않는다. 우리 곁을 떠나기에는 일러도 너무 이르다. 너를 떠나보내지만 하늘나라에서는 네가 좋아하는 산과 들을 훨훨 날아다니며 자유롭게 살기 바란다. 내 친구 제프, 사랑한다. (제프 핸슨은 2018년 61세의 나이로 별세했다.)

와인 메이커인 제프 핸슨Jeff Hansen과 그의 친구들은 재미 삼아 자신들이 먹고 마실 와인을 만들기로 했다. 다만 재미 삼아 만들었다고 하기에는 양이 적지 않았다. 내심 어느 정도는 상업적 목적이 있지 않았겠냐는 추측이다. 그들은 다양한 품종의 포도를 몇 톤 구입했으나 제대로 된 와인 양조 시설이 없었다. 그래서 수작업으로 포도를 으깨고 숙성시켜 와인을 만들었는데 기대 이상으로 좋은 와인이 탄생했던 것이다. 1991년 제프 핸슨이 상업용 빈티지로 내놓자는 의견을 냈고 친구들이 만장일치로 동의하면서 탄생한 와이너리 이름이 바로 아미치다.

아미치는 이탈리아어로 '친구'라는 뜻을 가지고 있으며, '친구를 위해 친구가 만든 열정과 정성을 다한 와인'이라는 슬로건을 내세웠다. 이후 아미치 와이너리는 3명의 공동 소유자에게 매각되었지만, 와이너리의 설립 취지에 걸맞게, 현재의 소유자들도 캘리포니아 데이비스 대학교에서 양조학을 전공한 동문들이다.

아마치 와이너리는 미국 나파 밸리와 소노마 밸리의 포도밭에서 재배된 포도로 연간 10,000케이스만을 생산하는 프리미엄 부티크 와인이다. 카베르네 소비뇽을 주요 품종으로 메를로, 프티 베르도, 카베르네 프랑 등을 블렌딩해서 만들며, 18개월 동안 오크통 숙성을 거친다. 와인 평론가 잰시스 로빈슨Jancis Robinson으로

부터 매년 평균 90점 이상의 높은 점수를 받고 있다.

♦ 이름처럼 친구끼리 우정을 다지는 모임에서 함께하기 좋은 와인이다.
와인이 다른 술과 차별화된 특징 중 하나는 빈티지(Vintage)(포도 수확
연도)가 있다는 것이다. 어떤 해는 누군가에게 특별한 의미를 지닐 수
있다. '술과 친구는 오래될수록 좋다.'라는 말이 있다. 좋은 날, 오래된
친구들과 함께 특별한 의미를 지닌 해의 빈티지 와인을 나누며 그 시절
의 추억을 되새기는 것도 뜻깊은 순간이 될 것이다.

아미치

생산지	미국, 캘리포니아, 나파 밸리Napa Valley
등급	Napa Valley AVA
와인 타입	드라이, 풀 바디 와인
품종	카베르네 소비뇽 91%, 메를로 4%, 프티 베르도 3%, 카베르네 프랑 2%(2018년 빈티지)
가격	10만 원대

샤토 팔메르
Château Palmer
꿈과 사랑을 위하여

가스크 부인 ————

혼자가 되어 버려 너무 막막해요. 남편이 갑자기 저세상으로 떠나 버렸거든요. 재산이라고는 남편이 그토록 사랑했던 와이너리밖에 없어요. 남편의 전부였던 곳이라 팔 수도 없고, 그렇다고 제가 와이너리를 경영할 능력도 없어요. 아는 것도 없는 데다가 여자인 제가 적극적으로 나서기도 힘들어요. 게다가 지금은 전쟁 중이에요. 프랑스 땅이지만 이미 영국군에 의해 점령당한 상태라 언제 또 전쟁이 벌어질지 모르겠어요. 휴우!

그런데 영국의 한 장군이 와인에 관심이 있다며 와이너리를 자주 찾아왔어요. 점령군이니까 소홀히 대접할 수도 없어서 올 때마다 차를 대접하며 이런저런 얘기를 나눴죠. 자연스럽게 와이너리를 어떻

238

찰스 파머 장군

게 하면 좋을지에 대한 고민도 상담하게 됐어요. 다만 그분이 보르도
의 수많은 와이너리 중에서 왜 유독 저희 와이너리에 관심을 두었는
지 알 수 없었어요.

서로의 고민을 나누는 친한 사이가 되었을 무렵, 그분도 자신의 가
장 큰 고민을 털어놓았어요. 조금은 눈치채고 있었지만 그가 관심 있
었던 것은 와이너리만이 아니었어요. 미망인이 된 지 얼마 안 되었는
데 어떻게 해야 할지 모르겠어요.

찰스 파머 장군 ───

1814년 웰링턴Wellington 장군과 함께 나폴레옹을 상대로 한 스페
인 원정을 마치고 프랑스 보르도에 머물고 있었다. 비록 군인의 신분

이지만 평소 와인에 관심이 많았고 특히 와이너리를 소유해 내 이름을 걸고 고품질의 와인을 생산하는 꿈을 꾸고 있었다. 여러 전투의 승리로 정부로부터 거액의 포상금을 받았기 때문에 이제는 와이너리를 매입할 수 있게 되었다.

프랑스 보르도는 이미 와인으로 유럽에서 큰 명성을 얻고 있었기 때문에 탐이 나지 않을 수 없었다. 마침 가스크Gasq 와이너리는 주인이 죽고 미망인이 혼자 남아 어렵게 와이너리의 명맥만 유지하고 있었다. 점령군의 지위를 이용하면 와이너리를 쉽게 차지할 수도 있지만, 미망인을 만나 얘기를 나눈 후 나는 생각을 바꾸었다. 또 하나의 욕심이 생기기 시작했다. 내 꿈과 사랑을 동시에 얻고 싶어졌다.

1814년 프랑스 보르도 마고Margaux 지역에 위치한 샤토 드 가스크Château de Gascq라는 와이너리가 영국군의 찰스 파머Charles Palmer 장군에게 매각되면서 샤토 팔메르Château Palmer가 시작되었다.

당시 와이너리 소유자였던 가스크 부인은 남편이 죽어서 상속 문제로 곤란한 상황에 처해 있을 때 찰스 파머를 만나 사랑에 빠지게 되었다. 두 사람은 연인으로 발전하였고, 찰스 파머가 와이너리를 매입하면서 와이너리와 부인을 동시에 살렸다고 한다. 와이너리도 찰스 파머의 이름을 따서 샤토 팔메르가 되었으며 이 로맨틱한 에피소드 덕분에 와인의 인기도 높아졌다. 하지만 나중에 찰스 파머가 다른 여인과 결혼한 것을 보면 어쩌면 미화된 이야기일 수도 있다.

어쨌든 야망이 컸던 찰스 파머는 런던에 있는 사교 클럽에 자신의 와인을 선보이며 와이너리의 명성을 드높였다. 다만 포도나무를 대대적으로 심고 샤토의 규모를 키우는 등 막대한 투자로 인해 재정적으로 극심한 어려움에 시달리게 되었고 결국 파산 위기에 몰려 샤토 팔메르에서 손을 뗄 수밖에 없었다. 1836년 찰스 파머는 사망하였고, 1853년 은행가인 페레르Péreire 형제에게 와이너리가 완전히 넘어가게 되었다.

샤토 팔메르

샤토 팔메르는 매각 직후 이루어진 1855년 등급 체계에서 제대로 대응하지 못해 3등급을 받게 되었다. 하지만 1938년 여러 가문의 연합으로 이루어진 조합 소유로 넘어가며 새로운 부흥기를 맞게 된다. 조합은 샤토의 재건에 많은 돈과 시간을 투자했고 품질의 안정을 유지하기 위해 생산량을 제한했다. 그 결과 그랑 크뤼 1등급에 뒤쳐지지 않는 고품질의 와인으로 평가받으며 3등급임에도 1등급과 2등급 사이의 가격으로 거래되고 있다. 샤토 팔메르는 카베르네 소비뇽과 메를로를 주요 품종으로 하여 프티 베르도를 블렌딩해서 만든다.

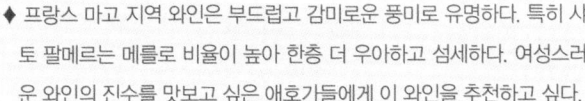

♦ 프랑스 마고 지역 와인은 부드럽고 감미로운 풍미로 유명하다. 특히 샤토 팔메르는 메를로 비율이 높아 한층 더 우아하고 섬세하다. 여성스러운 와인의 진수를 맛보고 싶은 애호가들에게 이 와인을 추천하고 싶다.

샤토 팔메르

생산지	프랑스, 보르도, 메독Medoc, 마고Margaux
등급	그랑 크뤼Grand Cru 3등급
와인 타입	드라이 와인
품종	카베르네 소비뇽 47%, 메를로 47%, 프티 베르도 6%(2016년 빈티지)
가격	50만 원 이상

옐로 테일
Yellow Tail
가성비 최고의 와인

어느 사회 초년생 ————

금요일 저녁, 집으로 가는 길. 마치 김유신의 애마*처럼 내 발은 자연스럽게 편의점으로 향한다. 오늘도 와인을 한 병 사서 집에 들어갈 것이다. 와인 초보자인 나조차도 이미 알고 있는 '1865', '몬테스 알파' 등의 와인이 눈에 먼저 들어온다. 그러나 2~3만 원대의 가격도 내게는 만만치 않아 망설인다. 그때 내 호주머니 사정을 알아주는 호주의 저렴한 와인이 다시 눈에 들어온다.

---

* 신라의 김유신은 한때 기생 천관을 사랑하여 자주 찾았다. 그러나 여러 이유로 다시는 천관에게 가지 않겠다고 맹세했다. 그러던 어느 날 술에 취해 말을 타고 귀가하는데, 말이 습관적으로 천관의 집 앞에 멈춰 섰다. 김유신은 자신의 결단력을 보여 주기 위해 말의 목을 베었다. 이처럼 습관적으로 어떤 일을 할 때 빗대어 쓰는 표현이다.

집에 와서 와인을 오픈한다. 어떻게 이 가격에 이 정도의 향과 맛이 가능할 수 있을까? "잘 익은 체리, 블랙베리, 초콜릿 및 모카의 향을 가지고 …… 풀 바디 와인이다." 인터넷을 검색해서 설명을 읽어봐도 무슨 말인지 모르겠다. 그냥 나에게 이 와인은 조금 진한 레드 와인, 금요일 저녁 시름을 달래 주는 위로주, 맛있는 음식을 곁들이며 취하고 싶은 반주 그 이상도, 그 이하도 아니다. 결정적으로 금전적 부담이 없는 가장 만만한 와인이다. 더군다나 레이블과 브랜드 또한 캐주얼하고 서민 친화적이다. 딱 나를 위한 와인이다.

하지만 약간은 쓸쓸함을 숨길 수 없다. 편의점에서 내 눈길을 사로잡았던 여러 와인들을 외면하고 또다시 이 와인을 다시 집어든 내 처지 때문이다. 지금 나는 돈도 없고 백도 없다. 가진 것이라고는 누구 못지않은 야망과 식지 않는 열정뿐이다. 그러나 나중에 반드시 성공해서, 지금의 힘든 시절을 위로했던 '추억의 와인'으로 이 와인을 마실 것이다. 껑충껑충 뛰어오를 것 같은 저 왈라비wallaby처럼, 나도 성큼성큼 뛰어서 기필코 비상하리라.

왈라비

우리나라 와인 시장에서 돌풍을 일으켰던 옐로 테일Yellow Tail은 2001년 호주에서 창립되어 불과 3년 만에 미국 수입 와인 시장에서 1위로 성장한 와인이다. 1,600개의 와인업체가 난립하고 있는 미국 시장에서 신규 진입한 업체가 1등으로 우뚝 설 수 있었던 것은 결코 우연이 아니었다. 치밀하고 전략적인 준비와 계획하에 탄생한 브랜드이기 때문에 가능했다. 그 시작은 1980년대로 거슬러 올라간다. 호주 정부의 초청을 받아 호주의 차세대 성장 산업을 검토하던 하버드 대학교의 마이클 포터Michael Porter 교수는 호주의 핵심 역량과 경쟁력 그리고 세계 시장을 면밀히 조사하여 와인 제조 사업을 호주 정부에 추천했고, 그렇게 각고의 준비와 노력 끝에 탄생한 와인이 바로 옐로 테일이다.

옐로 테일은 와인은 비싸고 부담스럽다는 이미지를 탈피하여, 와인 초보자들도 쉽게 접근할 수 있는 와인이라는 이미지를 부각시켰다. 누구나 쉽게 기억할 수 있는 브랜드명, 호주의 문화적 특징을 보여 주는 왈라비를 전면으로 내세운 생동감 있는 노란색 레이블이 주효했다. 옐로 테일이라는 이름은 호주에 사는 캥거루과 동물인 왈라비, 정확히는 다리와 꼬리에 노란색 무늬가 있는 노란발바위왈라비yellow-footed rock wallaby의 애칭에서 착안한 것이다.

옐로 테일을 생산하는 호주의 카셀라Casella 와이너리는 1969년 이탈리아 출신의 필리포 카셀라Filippo Casella가 설립했다. 카셀라 와이너리는 2001년 '누구나 쉽게 즐길 수 있는 와인'을 표방하며 옐로 테일을 출시했고, 호주 와인 전체 수출량의 17%를 차지하고 있다(2023년 기준). 국내에서도 '1865', '몬테스 알파'와 함께 가장 판매량이 많은 3대 와인(매출액 기준)이다. 특히 세계 최대 와인 시장인 미국에서도 단일 브랜드 최대 판매량을 기록했을 정도로 인기를 끌고 있다

♦ 저가 와인을 마시면서 고가 와인과 같은 퀄리티를 기대할 수는 없다. 그러나 호주의 값싼 부대 비용 등을 감안했을 때 옐로 테일에 투입된 절대적인 가치가 유럽의 와인보다 작다고 할 수는 없다. 비록 고가의 와인보다 더 훌륭하다고 말할 수는 없어도, 크게 뒤쳐지지 않는 가성비 최고의 술임에는 틀림없다.

옐로 테일

생산지	호주, 뉴 사우스 웨일스New South Wales
와인 타입	드라이, 미디엄 바디 와인
품종	다양한 품종 와인 생산
가격	1만 원 내외

샤토 푸에슈오 아르갈리 로제
Château Puech-Haut, Argali Rosé
마르코 폴로 양

이탈리아 베네치아 출신인 마르코 폴로Marco Polo(1254~1324)는 무역상의 아들로 태어났다. 그의 아버지 니콜로 폴로는 실크 로드를 따라 원나라까지 한 차례 다녀온 인물이었다. 1271년, 17살의 마르코 폴로는 아버지와 삼촌을 따라 원나라로 향했다. 그리고 원나라에 도착한 후에는 황제 쿠빌라이 칸의 눈에 띄어 17년간 칸의 신하로 일하게 되었고 한때 양저우揚州의 지방관을 지내기도 했다. 1291년 일한국(몽골 제국의 4한국 중 하나)으로 시집가는 원나라 공주를 호송하는 임무를 마지막으로 쿠빌라이 칸이 별세했다는 소식을 듣고 베네치아로 돌아왔다.

1299년 발표된《동방견문록》은 베네치아로 돌아온 마르코 폴로가 베네치아와 제노바 간의 해상 전쟁에서 포로로 잡혀 감옥에 갇히고, 그곳에서 만난 작가 루스티 첼로 다 피사Rustichello da Pisa에게 자신의 이야기를 들려주면서 세상에 나올 수 있었다. 이 책은 그가 여행하면서 목격한 몽골 제국과 원나라 그리고 그 주변 나라의 지리, 풍습, 종교 등을 소개하는 기행문이다. 물론 본인이 직접 보고 들은 얘기 외에도 '카더라' 식의 터무니없고 신뢰할 수 없는 내용도 상당히 많다.

마르코 폴로

《동방견문록》에는 진귀한 동물들에 대한 묘사도 많다. 호랑이를 줄무늬가 있는 사자로, 악어를 거대한 뱀으로 표현한 내용도 있다. 그중에는 크고 희귀한 양에 대한 이야기가 나오는데, 마르코 폴로는 자신의 이름을 따서 '마르코 폴로 양Marco Polo sheep*'이라고 명명했다. 오늘날 아르갈리Argali라고 불리는 양이었다.

---

* 학명은 'ovis ammon polii'로, 아르갈리(argali)의 아종이다. 서식지는 중앙아시아의 산악 지역이고, 큰 체구와 나선형 뿔이 특징이다.

아르갈리

샤토 푸에슈오Château Puech-Haut의 오너인 제라르 브뤼Gérard Bru는 《동방견문록》에 묘사된 크고 희귀한 양에 대한 호기심으로 직접 몽골로 향했다. 그리고 여행 중 히말라야 지맥에서 아르갈리를 만나게 된다. 그는 그때의 감동을 담아 눈 덮인 히말라야 봉우리를 연상시키는 병 디자인을 개발했다. 이렇게 해서 아르갈리라는 와인이 탄생하게 되었다.

샤토 푸에슈오는 1980년대 프랑스 남부 지역 몽펠리에Montpellier 북동쪽 생 드레제리Saint-Drézéry에 위치한 25헥타르의 황야를 제라르 브뤼가 구입하며 시작되었다. 땅을 개간하는 데만 10년 가까운 시간을 투자하였고, 고전적인 와이너리 건물을 짓고자 19세기 지어진 옛 몽펠리에 도청 건물을 분해하여 돌 하나하나 가져다 짓는 기행을 펼치기도 했다. 그런 열정 때문인지 1990년 첫 와인 생산을 시작하자마자 와인 평론가 로버트 파커Robert Parker로부터 "최고의 와인을 생산하기 위해 모든 것을 아끼지 않는 장인이다."라는 최고의 극찬과 고득점을 받으며 랑그독Languedoc을 대표하는 유명 와이너리로 자리매김하게 되었다.

샤토 푸에슈오의 5가지 철학은 혁신, 테루아르, 감정, 예술, 삶의 즐거움이다. 샤토 푸에슈오의 와인에서는 와인의 맛과 느낌 그리고 디자인 등에서 이 요소들을 모두 느낄 수 있다. 그중에서도 대표작인 아르갈리 로제는 옅은 핑크 컬러에 다양한 이국적 과일의 아로마가 먼저 다가온다. 적당한 산미에 입안에서 느껴지는 미네랄 질감, 무엇보다도 산뜻한 상큼함이 도드라지는 와인이다. 12.5도의 도수에 긴 피니시가 매력적이며 연어 등의 해산물과 환상의 조합을 이룬다. 매끈한 모양의 병에 아르갈리 머리가 대칭을 이루는 인상적인 로고는 와인에 예술적 기품을 한 스푼 첨가했다.

♦ 아르갈리 로제의 특징은 좋은 사람들과 함께할 때 더욱 그 가치를 발휘한다. 이 와인이야말로 샤토 푸에슈오의 5가지 철학 중 '삶의 즐거움'을 가장 잘 느낄 수 있는 와인이라 확신한다.

샤토 푸에슈오 아르갈리 로제

생산지	프랑스, 랑그독 루시옹Languedoc Roussillon
등급	Pays d'Oc IGP
와인 타입	드라이 와인
품종	그르나슈 60%, 생소 20%, 시라 10%, 카베르네 소비뇽 10%(2019년 빈티지)
가격	4만 원대

토레스 마스 라 플라나
Torres, Mas La Plana
와인은 여행이다

작가 신인식 ━━━━

북유럽으로 크루즈cruise 여행을 갔을 때였다. 새벽 2시가 넘은 시간에도 대낮처럼 날이 환했다. 어둠이 짙게 내려앉아야 할 시간임에도 여전히 해가 중천에 떠 있는 지금, 역설적이게도 나는 환한 밤에 '검은 전설black legend'이라 불리는 토레스 마스 라 플라나Torres, Mas La Plana를 백야와 함께 마시고 싶었다.

레이블부터 검붉다. 검붉은 레이블만큼이나 진한 빛깔의 와인을 한 잔 따른다. 그러나 마냥 진하기만 한 것은 아니다. 한편으로 부드러우며 여운이 감도는 풍미는 적당한 우아함마저 느끼게 해 준다. 이미 새벽 2시를 넘어 정신은 잠에 취한 듯 몽롱하다. 와인이 한 잔 들어가니 정신은 더욱 몽롱해지고, 뱃멀미라 할 수는 없지만 울렁거리

252

는 속이 취기를 온몸으로 더 느끼게 해 준다. 또한 온통 바다뿐인 풍경은 더욱 몽환적인 분위기를 연출하며 마치 꿈과 현실의 경계를 넘나들며 환영 속을 헤매는 듯싶다.

와인을 한 잔 더 따른다. 바다 내음에 잠시 감춰졌던 매우 잘 익은 풍부한 과일 향이 그 본색을 드러낸다. 덕분에 잠시 향에도 취해 본다. 그리고 눈을 감고 한 모금을 더 들이킨다. 눈을 뜨니 여전히 대낮처럼 환하다. 그러나 대낮의 밝음이라고 하기에는 어쩐지 어색한 밝음이다. 술에 취한 것일까, 분위기에 취한 것일까? 밤이지만 환한 밤, 그리고 진하지만 부드러운 와인. 그 애매한 경계선에서 나는 여행과 와인이 주는 그 환상적인 조합에 다시금 감탄한다.

이 와인이 검은 전설이라고 불리며 명성을 얻게 된 것은 1979년 파리 올림피아드에서 프랑스 5대 샤토인 샤토 라투르Château Latour를 이기고 우승을 차지하게 된 사건에서 비롯된다. 그 당시 스페인에서는 외래 품종인 카베르네 소비뇽을 거의 재배하지 않았다. 그러나 카베르네 소비뇽을 단일 품종으로 만든 이 와인이 우승을 차지하면서 엄청난 충격을 안겨 주었다. 1970년 초반까지는 스페인 전통 품종인 템프라니요를 소량 첨가하기도 했지만 우승할 당시는 블렌딩을 하지 않았다.

토레스 와이너리는 1870년 제이미 토레스 벤드렐Jaime Torres Vendrell 형제가 설립하여 현재까지 5대째 가족 경영 중이다. 이 와인은 스페인 카탈루냐Catalonia 지역 페네데스Penedès에서 생산되며 100% 카베르네 소비뇽 품종으로 생산된다. 페네데스는 바르셀로나에서 남쪽으로 50km 거리에 있으며 지중해 연안과 인접해 있어 온화한 겨울과 더운 여름을 보이는 지중해성 기후를 띤다. 따라서 지중해 바람이 여름철의 온도를 조절해 주고 일교차 또한 적절해 포도에 균형 잡힌 산미와 풍미를 더해 준다.

♦ 와인은 여행이다. 그리고 여행은 와인이다. 여행이 추억이듯 그 추억을 더 생생하게 기억하게 해 주는 와인은 추억의 매개체다. 마스 라 플라나 와인을 마실 때면 그때 그 백야의 야릇함과 몽롱함에 다시 빠져 마

치 그 시간으로 타임머신을 타고 돌아간 것 같은 느낌을 받는다. 이것이 와인의 매력이 아닐까 싶다. 여행 중 백야를 마주할 환상적인 경험을 하게 된다면 그 경험을 평생 잊지 못하게 해 줄 이 와인을 권하고 싶다. 역설적이게도 검은 전설은 너무나도 환한 밤과 함께 평생 잊지 못할 추억과의 마리아주(mariage)*를 선사할 것이다.

* 프랑스어로 결혼이나 결합을 의미하는 단어로, 요리업계에서는 술과 음식, 특히 와인과 음식의 조화를 뜻한다.

토레스 마스 라 플라나

생산지	스페인, 카탈루냐Catalonia, 페네데스Penedes
와인 타입	드라이, 풀 바디 와인
품종	카베르네 소비뇽 100%
가격	10만 원대 초반